초등학교 2학년이
꼭 알아야 할

논술
위인

주식회사 지원 JI-WON

< 귀주대첩으로 거란족을 물리친 강감찬 장군 >

서울시 관악구 사당동에 있는 강감찬 장군 사당 '안국사'

강감찬 장군 동상

< 김대성의 일화가 유명한 불국사 >

불국사 대웅전

불국사 석계문

경남 밀양시에 있는 단군사당

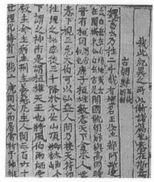

환웅에 관한 기록이 적힌
삼국유사

< 전국을 직접 돌아다니며 그린 김정호의 지도 >

서울 지도

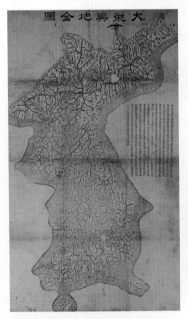

대동여지도

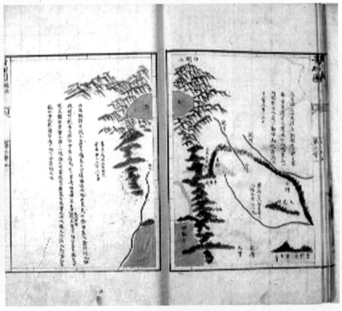

청구도

< 임진왜란에서 왜적을 물리치고 대승을 거둔 이순신 장군 >

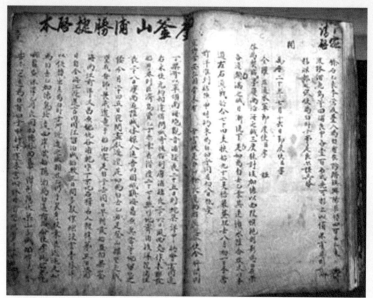

이순신 장군의 일기인 '난중일기'

서울 종로구 세종로에 있는
'이순신 장군 동상'

이순신 장군의 영정

이순신 장군의 묘와 비석

宣誓文

나는 赤誠으로써 祖國의 獨立과 自由를 回復하기 爲하야 韓人愛國團의 一員이 되야 中國을 侵略하는 敵의 將校를 屠殺하기로 盟誓하나이다

大韓民國十四年四月 二十六日 宣誓人 尹奉吉
韓人愛國團 앞

홍커우공원에 도시락 폭탄을 던진 윤봉길의사의 선서문

김구선생에게 건네준 윤봉길의 회중시계

독립운동가 안창호가 살던 집

의연하게 유언을 남기는 안중근 의사

삼국통일을 대표하는 신라의 명장 김유신

우리 나라를 대표하는 성리학자 이황

세종 때 이천과 장영실이 만든 '앙부일구'

조선시대 풍속을 잘 보여주는 김홍도의 '대장간'

권율장군의 행주산성

한호의 글씨 탁본

전봉준이 살던 집

-차례

〈초등학생이 꼭 알아야 할 논술 위인들〉의 특징

　이 책은 초등학교 2학년이 알아야 할 위인을 총망라한 것으로, 국어 읽기 · 쓰기 · 말하기는 물론, 바른 생활과 자연 · 음악 · 미술까지 각 단원에서 다루었거나 참고서 예문으로 나온 위인을 모두 선정하였다.

　특히 2학년 학생들의 수준에 맞추어 재미있는 이야기로 풀어 위인의 일생을 알게 하였고, 위인에게서 알아야 하는 업적과 특징을 간략하게 뽑아 엮었다.

　각 위인이야기 뒤에는 논술 학습정리를 따로 만들어, 각 위인을 통하여 배우는 결론과 의의를 정리하였다.

　또한 '논술 보충학습 자료'를 추가하여, 논리를 유도하는 질문과 내용을 총괄적으로 정리하는 해답을 넣어 한눈에 위인의 일생과 업적 등을 알 수 있게 하였다.

〈초등학생이 꼭 알아야 할 논술 위인들〉의 구성

　각 위인의 페이지 구성에 따른 해설이다.

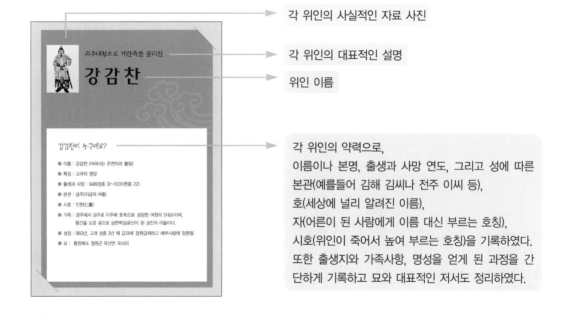

각 위인의 사실적인 자료 사진

각 위인의 대표적인 설명

위인 이름

각 위인의 약력으로,
이름이나 본명, 출생과 사망 연도, 그리고 성에 따른 본관(예를 들어 김해 김씨나 전주 이씨 등),
호(세상에 널리 알려진 이름),
자(어른이 된 사람에게 이름 대신 부르는 호칭),
시호(위인이 죽어서 높여 부르는 호칭)을 기록하였다.
또한 출생지와 가족사항, 명성을 얻게 된 과정을 간단하게 기록하고 묘와 대표적인 저서도 정리하였다.

려는 두 가지 요구를 모두 거절하였습니다. 그러자 거란은 새롭게 군사를 모아 고려를 칠 준비를 하였습니다.

현종 9년(1018년) 12월, 거란 왕 성종은 부마(사위) 소배압에게 10만 대군을 주어 고려를 치라고 명령하였습니다. 또다시 고려는 전쟁의 소용돌이에 휘말리게 되었습니다.

"저 거란 오랑캐 놈들이 또다시 우리 고려로 쳐들어온다. 강감찬은 그동안 조련한 군사로 거란을 끝까지 추격하여, 다시는 이 땅을 넘보지 못하도록 하여라!"

"예! 소신 강감찬, 신명을 바쳐 충성을 다하겠사옵니다!"

고려 현종은 그동안 거란의 침략을 물리칠 전술을 연구해온 서북면 행영도통사 강감찬을 상원수로, 강민첨을 부원수로 삼아, 군사 20만 8천 명을 주고 거란과 맞서 싸우게 했습니다.

강감찬은 거란이 흥화진을 공격할 것을 미리 예상하고, 흥화진의 길목인 안주에 진을 쳤습니다.

그리고 흥화진 동쪽 산기슭에 1만 2천 명의 군사를 몰래 숨겨 놓았습니다. 그곳은 대천(지금의 삼교천)이 흐르는 곳이었습니다.

"쇠가죽으로 대천 물을 막아라!"

강감찬은 튼튼한 커다란 밧줄에 쇠가죽을 엮어 큰 냇물을 막았습니

다. 거란군은 강감찬이 커다란 함정을 만들어 놓은 것도 모르고 대천 한가운데로 들어왔습니다.

"밧줄을 끊어라!"

강감찬의 명령이 떨어지자, 막혀있던 대천 물이 홍수가 되어 거란군에게 들이닥쳤습니다. 거란군은 거센 물살에 휘말려, 넋이 나간 채 물속에서 허우적거리며 서로 살겠다고 아우성을 쳤습니다.

"모두 공격하라!"

강감찬은 힘차게 칼을 휘두르며 공격 명령을 내렸습니다. 그제야 소

쉽고 재미있는 본문 구성과 시원스럽게 커진 활자와 모양

이야기에 어울리는 재미있는 그림

각 위인을 읽고 논리를 유도하는 질문과 내용을 총괄적으로 정리하는 해답

 논술 보충 학습 자료

1 강감찬장군이 활약했던 귀주대첩 당시 시대 상황은?

거란은 2차 침입 때 군사를 되돌리는 조건으로, 고려왕이 직접 거란으로 와서 성종에게 인사를 올리는 것과 압록강 주변 강동 6주를 반환하라는 두 가지를 내세웠는데, 고려가 요구를 모두 거절하였다. 그러자 현종 9년(1018년) 12월, 거란 왕 성종은 부마 소배압에게 10만 대군을 주어 고려를 치라고 명령하였다.
거란의 제3차 침입이 일었던 것이다.

2 강감찬은 거란을 어떻게 대처했나?

거란이 흥화진을 공격할 것을 예상하여, 흥화진 동쪽 산기슭에 1만 2천 명의 군사를 숨겨 놓고 함정을 만들어 놓은 다음 거센 물살에 휘말리게 하였다. 또 거란 주변의 곡식을 모두 성 안으로 옮겨 먹을 것을 없애고 굶주림에 지친 거란군의 힘을 잃게 하였다.

 논술 보충 학습 자료

3 거란이 요구하는 강동6주는 무엇인가?

고려시대에 평안북도 서북 해안 지대에 설치한 여섯 군데 주로, 흥화·용주·통주·철주·구주·곽주를 말함.

4 강감찬 장군이 활약했던 귀주는 어디인가?

평안북도 구성시 북쪽에 있는 곳으로, 지금은 구주로 불림. 거기에는 994년에 지은 구주성이 있는데, 성 안에 물의 원천이 풍부하고 남문 동쪽에 수구문이 흘러내린다. 또한 동쪽과 서쪽, 남쪽에 잣대가 있어서 전망이 좋아 전투를 잘 피할 수 있게 되었다. 구주성 북쪽의 성벽이 지금도 남아 있다.

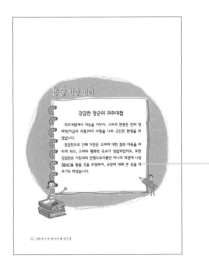

논술 학습 정리

강감찬 장군의 귀주대첩

귀주대첩에서 대승을 거두자, 고려의 현종은 친히 영파역(지금의 의흥)까지 마중을 나와 극진한 환영을 하였습니다.

강감찬으로 인해 거란은 고려에 대한 침략 야욕을 버리게 되고, 고려 평화의 국교가 성립되었지요. 또한 강감찬은 거란과의 전쟁으로서뿐만 아니라 개경에 나성(羅城)을 쌓을 것을 주장하여, 국방에 대해 큰 공을 세우기도 하였습니다.

논술 학습 정리로, 위인 이야기를 읽고난 후의 결론과 의의

<전기문>을 읽고 공부하는 방법

전기문의 특징

1. 전기문이란, 나라나 사회를 위하여 훌륭한 일을 한 사람의 일생을 사실대로 쓴 글입니다.
2. 전기문의 특징으로는 다음과 같습니다.
   첫째로는 개인의 역사를 사실대로 쓴 글입니다.
   둘째로는 인물의 출생에서 사망까지의 이야기가 보통 시간의 순서대로 씌어집니다.
   셋째로는 인물이 살았던 시대와 그 시대의 역사적 특성이 나타나 있습니다.
3. 전기문을 읽는 요령으로는 다음과 같은 것이 있습니다.
   ① 이야기의 줄거리를 훑어 봅니다.
   ② 주인공에 대해서 자세히 알아봅시다.
   　• 주인공이 자라 온 과정과 성격
   　• 주인공이 살았던 시대의 모습
   　• 주인공이 한 일 (업적)
   　• 주인공에 대한 일화
   ③ 읽고 난 느낌을 글로 써 봅시다.
   ④ 주인공의 훌륭한 점을 본받아서 실천하도록 합시다.

전기문 읽기

1. 전기문을 읽으면서 다음과 같은 사항들을 알아보세요.
   ① 인물의 성격을 파악하세요.
   ② 인물이 한 일이 무엇인지 알아보세요.
   ③ 인물이 다른 사람들에게 끼친 영향이 무엇인지 알아보세요.
   ④ 인물에게서 본받을 점이 무엇인지 알아보세요.

귀주대첩으로 거란족을 물리친

강감찬

강감찬이 누구예요?

- ❀ 이름 : 강감찬 (어려서는 은천이라 불림)

- ❀ 특징 : 고려의 명장

- ❀ 출생과 사망 : 948(정종 3)∼1031(현종 22)

- ❀ 본관 : 금주(지금의 여흥)

- ❀ 시호 : 인헌(仁憲)

- ❀ 가족 : 경주에서 금주로 이주해 호족으로 성장한 여청의 5대손이며,
  왕건을 도운 공으로 삼한벽상공신이 된 궁진의 아들이다.

- ❀ 성장 : 983년, 고려 성종 3년 때 갑과에 장원급제하고 예부시랑에 임명됨

- ❀ 묘 : 충청북도 청원군 옥산면 국사리

강감찬 장군은 이런 사람이야!

고려시대를 통틀어, 외적과 싸워 이긴 장수는 많이 있습니다. 그러나 고려 현종 때의 강감찬은, 그 누구보다 빼어난 장수라고 할 수 있습니다.

강감찬이 태어날 때 큰 별이 하나 떨어졌다고 하는데, 그곳이 지금의 서울 봉천동에 있는 '낙성대'라는 곳입니다.

강감찬은 키가 작아 난쟁이처럼 보이는 못생긴 남자였습니다. 그러나 머리가 좋았으며 지혜가 뛰어났습니다.

서른 살이 되어서 첫 과거시험에서 장원급제를 한 강감찬은, 한양 판관이라는 벼슬을 하게 되었습니다.

강감찬이 위대한 장군으로 이름을 떨친 것은, 거란이 세 번째로 고려를 쳐들어왔을 때입니다.

거란 요나라 임금 성종은, 고려에서 19명이나 되는 장수의 목이 달아났다는 소식을 듣고 미소를 지었습니다.

"19명이나 되는 장수가 죽었다면 고려엔 허수아비 장수들만 남았을 것이다. 지난 번 고려왕의 항복을 받지 못했는데 이럴 때 고려를 쳐서 이번에는 완전한 승리를 거두어야겠다."

요나라 성종은 지난 번 2차 침입 때, 고려에서 너무 쉽게 군사를 되돌린 것을 후회하였습니다. 군사를 되돌리는 조건으로 두 가지를 내세웠는데, 고려는 몇 년 동안 두 가지 조건을 이행하지 않았습니다. 두 가지 조건이란, 고려왕이 직접 거란으로 와서 요나라 성종에게 인사를 올리

는 것과 압록강 주변 강동 6주를 반환하라는 것이었습니다. 그러나 고려는 두 가지 요구를 모두 거절하였습니다. 그러자 거란은 새롭게 군사를 모아 고려를 칠 준비를 하였습니다.

현종 9년(1018년) 12월, 거란 왕 성종은 부마(사위) 소배압에게 10만 대군을 주어 고려를 치라고 명령하였습니다. 또다시 고려는 전쟁의 소용돌이에 휘말리게 되었습니다.

"저 거란 오랑캐 놈들이 또다시 우리 고려로 쳐들어온다. 강감찬은 그동안 조련한 군사로 거란을 끝까지 추격하여, 다시는 이 땅을 넘보지 못하도록 하여라!"

"예! 소신 강감찬, 신명을 바쳐 충성을 다하겠사옵니다!"

고려 현종은 그동안 거란의 침략을 물리칠 전술을 연구해온 서북면 행영도통사 강감찬을 상원수로, 강민첨을 부원수로 삼아, 거란과 맞서 싸우게 했습니다.

강감찬은 거란이 흥화진을 공격할 것을 미리 예상하고, 흥화진의 길목인 안주에 진을 쳤습니다.

그리고 흥화진 동쪽 산기슭에 1만 2천 명의 군사를 몰래 숨겨 놓았습니다. 그곳은 대천(지금의 삼교천)이 흐르는 곳이었습니다.

"쇠가죽으로 대천 물을 막아라!"

강감찬은 튼튼하고 커다란 밧줄에 쇠가죽을 엮어 큰 냇물을 막았습니다. 거란군은 강감찬이 커다란 함정을 만들어 놓은 것도 모르고 대천 한가운데로 들어왔습니다.

"밧줄을 끊어라!"

강감찬의 명령이 떨어지자, 막혀있던 대천 물이 홍수가 되어 거란군에게 들이닥쳤습니다. 거란군은 거센 물살에 휘말려, 넋이 나간 채 물

속을 허우적거리며 서로 살겠다고 아우성을 쳤습니다.

"모두 공격하라!"

강감찬은 힘차게 칼을 휘두르며 공격 명령을 내렸습니다. 그제야 소배압은 강감찬의 작전에 말려든 것을 알고, 살아남은 군사를 이끌고 다시 남쪽으로 밀고 들어왔습니다. 그러나 강감찬은 그것 역시 예상하여 미리 군사를 매복시켜 놓았습니다. 갑자기 사방에서 고려군이 나타나자, 거란군은 놀라 허겁지겁 도망치기 바빴습니다. 거란군은 본격적인 싸움도 하기 전에 벌써 1만 5천여 군사를 잃었습니다.

"우리가 매복에 걸려들긴 했지만, 주력 부대로 개경을 치러간다."

소배압은, 우선 개경을 점령하면 고려군의 사기가 크게 떨어질 것이라 판단하고 군사를 개경 쪽으로 돌렸습니다. 그러나 이것은 큰 실수였습니다.

"병마판관 김종현은 지름길로 달려가 개경을 지켜라. 우리는 뒤에서 공격한다."

강감찬은 거란군이 개경으로 쳐들어올 것에 대비하여, 개경 주변의 곡식을 모두 성 안으로 옮겨 먹을 것을 없앴습니다. 먼 길을 달려오느라 굶주리고 추위에 지친 거란군은, 개경을 공격할 힘을 잃었습니다. 소배압은 입술을 깨물며 후퇴 명령을 내렸습니다.

"모두 후퇴하라!"

거란군이 후퇴하기 시작했을 때는, 10만 군사가 6만 명으로 줄어 있었습니다. 그러나 소배압은 강감찬의 작전을 아직 제대로 파악하고 있지 못했습니다. 강감찬은 강민첨과 함께 거란군이 지나가는 길목마다 군사를 숨겨놓고, 거란군을 이리저리 몰아가며 공격하였습니다.

마침내 강감찬이 거란과 크게 싸우기 위해, 대군을 숨겨놓은 귀주성 쪽으로 거란군이 몰려들었습니다.

"거란 오랑캐 놈들이다. 한 놈도 살려보내지 말아라!"

강감찬이 손수 대군을 이끌고, 후퇴하는 거란과 정면으로 맞서 싸웠습니다. 이미 지칠 대로 지친 거란군은, 고려의 대군이 밀려들어오자 싸울 힘을 잃고 이리저리 도망치기 바빴습니다.

게다가 개경을 지키던 김종현이 군사를 이끌고 도망치는 거란군의 뒷덜미를 쳤습니다.

"뭐, 뭣이라고? 살아온 군사가 2천 명밖에 안 된다고?"

거란 왕 성종은 사위 소배압이 고려 강감찬에게 완전히 패배하여, 겨우 2천여 군사만 돌아왔다는 소식을 듣고 용상에 풀썩 주저앉았습니다.

거란과의 제3차 전쟁이 그 유명한 '귀주대첩' 입니다.

그 뒤로 거란은 더 이상 고려를 칠 힘을 잃고, 강동 6주를 내놓으라는 소리도 못하게 되었습니다.

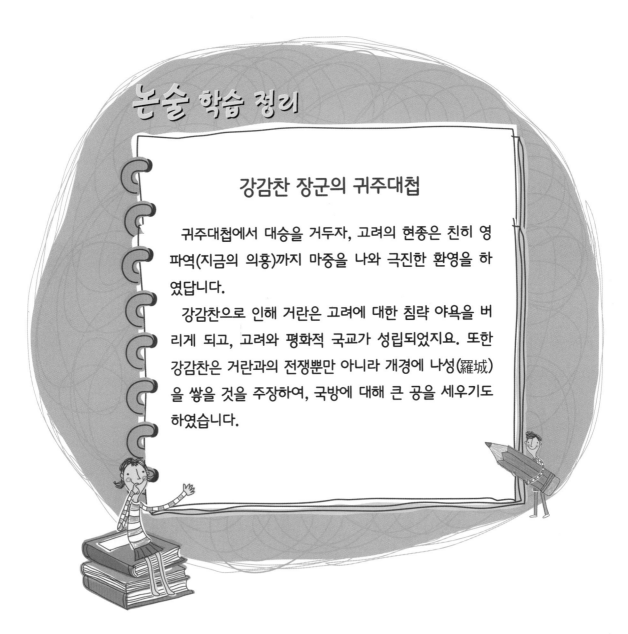

논술 학습 정리

강감찬 장군의 귀주대첩

귀주대첩에서 대승을 거두자, 고려의 현종은 친히 영파역(지금의 의흥)까지 마중을 나와 극진한 환영을 하였답니다.

강감찬으로 인해 거란은 고려에 대한 침략 야욕을 버리게 되고, 고려와 평화적 국교가 성립되었지요. 또한 강감찬은 거란과의 전쟁뿐만 아니라 개경에 나성(羅城)을 쌓을 것을 주장하여, 국방에 대해 큰 공을 세우기도 하였습니다.

1 강감찬장군이 활약했던 귀주대첩 당시 시대 상황은?

거란은 2차 침입 때 군사를 되돌리는 조건으로, 고려왕이 직접 거란으로 와서 성종에게 인사를 올리는 것과 압록강 주변 강동 6주를 반환하라는 두 가지 조건을 내세웠는데, 고려가 요구를 모두 거절하였다. 그러자 현종 9년(1018년) 12월, 거란 왕 성종은 부마 소배압에게 10만 대군을 주어 고려를 치라고 명령하였다.

거란의 제3차 침입이 있었던 것이다.

2 강감찬은 거란을 어떻게 대처했나?

거란이 흥화진을 공격할 것을 예상하여, 흥화진 동쪽 산기슭에 1만 2천 명의 군사를 숨겨 놓고 함정을 만들어 놓은 다음 거센 물살에 휘말리게 하였다. 또 개경 주변의 곡식을 모두 성 안으로 옮겨 먹을 것을 없애, 굶주림에 지친 거란군의 힘을 잃게 하였다.

③ 거란이 요구하는 강동6주는 무엇인가?

고려시대에 평안북도 서북 해안 지대에 설치한 여섯 군데 주로, 홍화 · 용주 · 통주 · 철주 · 구주 · 곽주를 말함.

④ 강감찬 장군이 활약했던 귀주는 어디인가?

평안북도 구성시 북쪽에 있는 곳으로, 지금은 구주로 불림. 거기에는 994년에 지은 구주성이 있는데, 성 안에 물의 원천이 풍부하고 남문 동쪽에 수구문이 흘러내린다. 또한 동쪽과 서쪽, 남쪽에 장대가 있어서 전망이 좋아 전투를 잘 지휘할 수 있게 되었다. 구주성 북쪽의 성벽이 지금도 남아 있다.

불국사를 건축한 전설의 인물

김 대 성

김대성이 누구예요?

- ✿ 이름 : 김대성 (金大城)

- ✿ 특징 : 신라의 정치가

- ✿ 출생과 사망 : 700 (효소왕 9) ~ 774 (혜공왕 10)

- ✿ 출신 : 신라의 중시 문량의 아들로 745년(경덕왕 4)에 중시가 되었다.
  그는 불국사의 설계, 건축, 조각, 공예 및 전반에 걸쳐 지휘를
  했으나 생전에 완공하지 못하고 사망 후 조정에 의해서 완성되었다.

김대성은 이런 사람이야!

김대성은 서라벌 모량리에 사는 경조라는 가난한 여인의 아들로 태어 났습니다.

대성은 머리가 크고 이마가 평평하여 마치 성처럼 생겼다하여, 이름 을 대성(大城)이라고 지었습니다. 그는 가난한 집안에서 태어나 자라면 서 줄곧 모량리에서 가장 큰 부자인 복안의 집에 들어가 머슴살이를 하 게 되었습니다.

복안은 대성이가 마음이 착하고 또 열심히 일하는 것을 보고, 대성이 가 어머니를 모시고 살 수 있도록 집 한 채와 거기에 딸린 마늘밭을 주 었습니다.

그런 어느 날, 흥륜사에 있는 점개 스님이 복안의 집에 와서 시주(스 님이나 절에 물건을 바치는 일)를 부탁하였습니다.

그러자 주인 복안은 조금도 망설이지 않고 베 50필을 시주하는 것이 었습니다.

"어르신께서 이렇게 시주를 많이 해 주시니 부처님께서 많은 복을 내려주실 것이옵니다. 이 세상에서 한 가지를 시주하시면, 다음 세상에서는 그것의 만 배가 넘는 복을 받을 것입니다."

점개 스님의 말을 곁에서 지켜보던 대성은, 저녁에 집으로 가서 어머니께 말씀을 드렸습니다.

"어머니! 오늘 우리 주인집에 찾아온 흥륜사 스님한테 들었는데, 이 세상에서 한 가지를 시주하면, 다음 세상에서는 만 배의 복을 받는다고 하였습니다. 우리가 지금 이렇게 고생하는 것은 전생(이 세상에 태어나기 전의 세상)에 부처님에게 시주한 것이 없어서 그런가봅니다. 어머니! 지금 또 시주를 하지 않으면 다음 세상에서는 더욱 가난하게 살 것 같으니, 이 초가집과 마늘밭을 모두 부처님께 시주하도록 하시지요."

그러자 어머니가 대답하였습니다.

"그것 참 좋은 일이구나! 그렇게 하자꾸나."

대성은 기쁜 마음으로 흥륜사의 점개 스님을 찾아가서 집과 밭을 시주하겠다고 하였습니다. 그리고 내일이면 부처님에게 시주할 집으로 돌아와 어느 때보다 기쁜 마음으로 잠을 잤습니다.

그런데 그 날 밤 뜻하지 않은 일이 벌어졌습니다. 대성이 갑자기 아무런 이유없이 죽게 된 것입니다.

대성의 어머니 경조는, 복을 받으려고 모든 재산을 부처님에게 바쳤는데, 하나밖에 없는 귀하디 귀한 아들이 죽자 너무도 기가 막혀 대성의 시체를 끌어안고 몸부림치며 울었습니다.

그 날 밤 서라벌에서도 이상한 일이 벌어졌습니다.

높은 벼슬을 하고 있는 재상 김문량의 집에 하늘로부터 외치는 소리가 들려왔습니다.

"모량리의 대성이라는 아이가 이제 너의 집에 태어날 것이니라."

김문량은 하늘의 소리를 듣고 깜짝 놀랐습니다. 사람을 시켜 모량리로 보내어 대성에 대해 알아보라고 했습니다. 그런데 하늘에서 소리가 들려오던 같은 시각에 모량리에서 대성이라는 청년이 죽었다는 것이었습니다.

그뒤 김문량의 부인이 태기가 있어 열 달 뒤에 아들을 낳았는데, 아기는 왼손을 꼭 쥔 채 펴지 않았습니다. 김문량 부부는 아기가 왼손을 펴지 않아 걱정하였는데, 일주일 뒤에 손바닥을 폈습니다. 그런데 그 손바닥에 '대성(大城)'이라고 새긴 금 조각이 있었습니다. 김문량은 아기 이름을 대성이라고 짓고 모량리에 있는 가난한 홀어머니인 경조를 데려다가 대성이를 키우면서 편안하게 살게 하였습니다.

대성은 자라면서 공부도 잘했지만 사냥을 아주 좋아하였습니다.

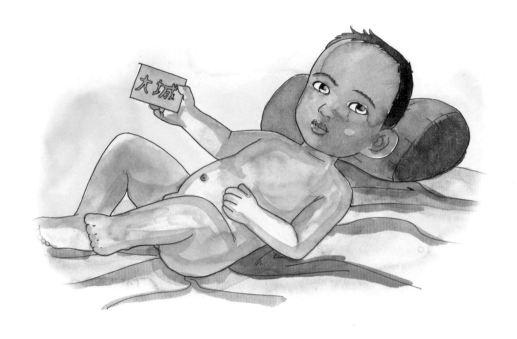

　이제 어엿한 청년이 된 대성이, 어느 날 토함산에 올라가 사냥을 하였습니다. 그러다가 큰 곰 한 마리를 발견하고는 계속 쫓아가 잡았습니다. 그러다보니 산을 다 내려오기도 전에 날이 저물어 하는 수 없이 산 마을에서 하룻밤을 묵기로 하였습니다. 그날 밤 대성은 아까 낮에 잡은 곰이 귀신으로 변하여 대성에게 대드는 꿈을 꾸었습니다.

　곰은 날카로운 이빨을 드러내며 대성에게 덤벼들었고, 대성은 너무나 무서워서 막 도망을 치려고 했지만 손발이 말을 듣지 않았습니다.

　대성은 할 수 없이 곰에게 손이 닳도록 싹싹 빌었습니다.

　"목숨만 살려주면 무슨 일이든지 다 하겠습니다."

　그러자 곰이 뒤로 물러서면서 대성에게 말하였습니다.

"네가 내 영혼을 위해서 절을 지어준다면 살려주겠다."

대성은 그렇게 하겠다고 약속을 하고 잠을 깼습니다. 대성이 입고 있는 옷은 물에 잠긴 것처럼 땀에 흠뻑 젖어 있었습니다. 한바탕 무서운 꿈을 꾼 것이었습니다.

대성은 산 마을을 내려오면서 남아있는 화살을 모두 꺾어버리고, 죽은 곰을 고이 장사지내 주고 집으로 돌아왔지만 무서운 꿈을 잊을 수가 없었습니다.

김대성은 곰과 비록 꿈에서 한 약속이었지만, 약속을 지키지 않고서는 도무지 불안해서 견딜 수가 없었습니다. 그래서 서라벌에서 손꼽히는 목수를 불러 토함산 위에 절을 세워, 곰을 발견한 자리에는 '웅수사', 곰을 잡은 자리에는 '장수사'를 세웠습니다. 또한 꿈 속에서 곰을 만나 약속한 장소에는 '몽성사'라는 절을 지었습니다.

그렇게 세 곳의 절이 완성되자, 불공을 드려 곰의 명복을 빌었습니다. 그러자 마음이 평안해지며 불안한 마음을 떨쳐버릴 수가 있었습니다.

그 후 김대성은 부모님(김문량과 그의 부인)을 위하여 토함산 기슭에 절을 하나 세웠습니다. 그 절이 바로 우리나라 건축 역사에 길이 빛나는 '불국사'입니다.

또한 모량리에 살 때의 어머니인 경조 부인과 아버지를 위하여 토함

산 동쪽 산마루 바로 아래에 '석불사'도 만들었습니다. 그 석불사에 모
셔둔 석굴암 석불은 최고의 걸작으로 세계에 자랑하는 문화재가 되었
습니다.

　김대성은 현재의 부모와 전생의 부모에게 모두 효도하여 위대한 일을
해냈기에 모든 사람들로부터 존경을 받았습니다.

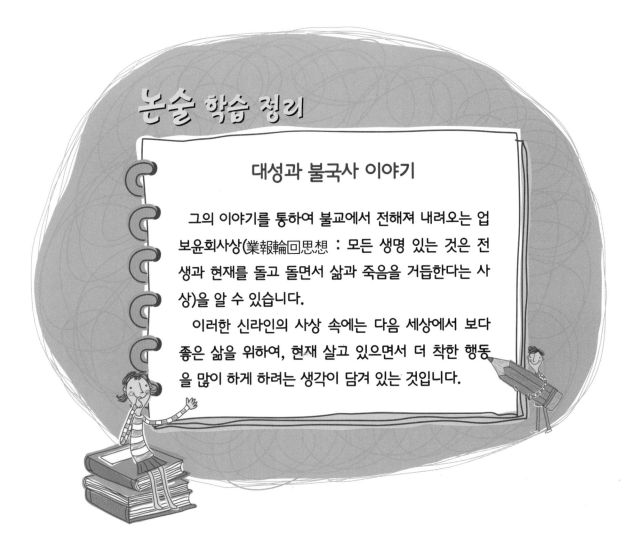

논술 학습 정리

대성과 불국사 이야기

　그의 이야기를 통하여 불교에서 전해져 내려오는 업
보윤회사상(業報輪回思想 : 모든 생명 있는 것은 전
생과 현재를 돌고 돌면서 삶과 죽음을 거듭한다는 사
상)을 알 수 있습니다.
　이러한 신라인의 사상 속에는 다음 세상에서 보다
좋은 삶을 위하여, 현재 살고 있으면서 더 착한 행동
을 많이 하게 하려는 생각이 담겨 있는 것입니다.

논술 보충 학습 자료

1 가난한 김대성은 어떻게 집과 땅을 갖게 되었나?

복안의 집에 들어가 머슴살이를 하게 되었는데, 대성이가 마음이 착하고 또 열심히 일하는 것을 보고, 어머니를 모시고 살 수 있도록 복안이 집 한 채와 거기에 딸린 마늘밭을 주었다.

2 김대성이 집과 땅을 모두 시주한 까닭은?

이 세상에서 한 가지를 시주하면, 다음 세상에서는 만 배의 복을 받는다는 이야기를 주인집에 시주 온 스님한테 듣고, 지금은 가난하지만 다음 세상에서는 잘 살기 위해서 시주를 하게 되었다.

3 김문량의 아이가 김대성이라고 믿게 된 이유는?

하늘로부터 모량리에서 김대성이 올 거라는 계시를 받았고, 실제로 자기가 낳은 아이의 손바닥에 '대성(大城)'이라고 새긴 금 조각이 쥐어져 있었기 때문이다.

논술 보충 학습 자료

4 김대성이 절을 짓겠다고 마음먹게 된 까닭은?

사냥을 하다가 곰을 잡았는데, 그 곰이 꿈 속에 나타나 영혼을 위해 절을 지어달라고 하였다. 그런데 그 꿈이 너무도 생생하고, 실제로 죽은 곰의 영혼을 달래고 싶었다.

5 김대성이 지은 대표적인 절은 무엇 무엇인가?

곰을 발견한 자리에 '웅수사'

곰을 잡은 자리에 '장수사'

꿈 속에서 곰을 만나 약속한 장소에는 '몽성사'

부모님(김문량과 그의 부인)을 위하여 ' 불국사

모량리에 살 때의 어머니인 경조 부인과 아버지를 위하여 '석불사(석굴암)'

6 김대성을 읽고 배울 수 있는 점은?

부모님에 대한 효도와 짐승의 생명까지도 귀히 여기는 착한 마음

전국을 돌며 대동여지도를 만든

김 정 호

김정호가 누구예요?

- ❀ 이름 : 김정호 (金正浩)

- ❀ 특징 : 조선 후기 실학자 겸 지리학자

- ❀ 출생과 사망 : ?~1864(고종 1)

- ❀ 본관 : 청도 (淸道)

- ❀ 자 : 백원(伯元), 백온(伯溫), 백지(伯之)

- ❀ 호 : 고산자(古山子)

- ❀ 과정 : 황해도의 미천한 가문 출신이었으나 학문을 열심히 닦았으며, 지도 작성에 뜻을 두고 30여 년 간 전국을 돌며 지도 제작에 정성을 쏟았다.

김정호는 이런 사람이야!

황해도의 한 두메산골, 몇몇 아이들이 산을 오르고 있습니다. 여자아이들은 여기저기서 예쁜 꽃을 꺾어 머리에 꽂고 꽃다발을 만들어 목에 두르기도 했습니다.

그런데 저편 산꼭대기에 선 한 소년은, 열심히 마을과 산너머를 살펴보며 무언가를 그리고 있었습니다.

"저 앞산을 돌아서 논과 밭이 있고, 그 옆에는 강이 흐르고, 다시 그 옆에 산……."

소년은 산꼭대기에서 보이는 길과 논밭, 산을 낱낱이 그리고 있었던 것입니다.

바로 이 소년이 최초로 우리 나라의 지도를 정밀하게 표시한 '대동여지도' 의 김정호였습니다.

정호의 취미는 여기저기 산을 오르내리며 거기서 내려다 보이는 길을 그리고, 또 산에서 잘 확인되지 않는 길은 직접 가서 살펴 길을 그리는 게 취미였습니다. 때문에 하루 종일 동네를 돌아다니는 게 정호의 일과였습니다.

하루는 아버지가 정호를 불러 호되게 꾸중을 하였습니다.

"넌 공부는 게을리하면서 매일 산으로 들로 놀러만 다니니, 이 다음에 커서 어떻게 하려고 그러느냐?"

"아버지, 전 노는 게 아니라 조사를 하느라고……."

"뭐? 조사? 그래, 대체 무슨 조사라는 게냐?"

정호는 그 동안 그렸던 지도를 펼쳐 보였습니다.

그 지도에는 외갓집을 가는 길이나 뒷동산 약수터로 가는 길, 그리고 이웃 마을까지 자세하게 그려져 있었습니다.

그날 밤, 아버지는 정호의 그림을 자세히 들여다 보았습니다.

"이리로 가는 길도 있었군 그래."

다음날, 아버지는 정호가 그린 지도를 집 사랑방 벽에 붙여, 동네 사람들이 함께 보게 하였습니다.

그때부터, 정호는 동네에서 '길도사' 라는 별명이 붙었습니다.

정호네 마을을 지나던 나그네들도 의례, 정호네 집에 들러 정호가 그린 지도를 본다거나, 동네 사람들도 어디 다른 마을을 가려면, 꼭 정호의 지도를 보고 다니게 되었습니다.

어느덧, 정호의 나이가 스무 살이 되었습니다.

정호는 큰뜻을 품고 한양으로 상경했지만, 시골에서 올라온 그에게 마땅한 일자리가 없었습니다.

오직 지도를 그리는 일 외에 달리 할 것이 없었던 정호는 나라에서 책을 펴내는 곳인 규장각에 찾아갔습니다.

거기엔 수많은 책들과 조선 지도도 보관되어 있는 곳이었습니다. 제일 먼저 조선 지도를 펼쳐 본 정호는 실망이 이만저만이 아니었습니다.

'지도는 무엇보다 정확해야 하는데, 이처럼 엉망이라니…. 내가 꼭 바른 지도를 그려야겠어.'

김정호는 얼마 되지 않는 자기의 돈을 몽땅 털어 지도를 만드는 데 필요한 도구를 샀습니다.

그리고 남산에서 며칠 동안을 지내며, 지도를 그렸습니다. 또한 규장각에서 본 지도의 틀린 곳을 찾아내어 한양의 구석구석을 자세히 그렸습니다.

그렇게 해서 지도는 완성했지만, 지도 하나로는 한양에서 살 수 있는 뾰족한 수가 없었습니다.

마침내 가진 돈도 떨어져 허기에 지쳐버린 김정호는 자신이 그린 지도를 팔기로 마음을 먹었습니다.

과거 시험날, 김정호는 지방에서 올라오는 길목에 지도를 펼쳐 놓았습니다. 그러나 한나절을 기다려도 지도를 사겠다는 사람은 아무도 없었습니다.

'내가 괜한 짓을 한 게야. 내가 그린 이 지도를 돈과 바꾸겠다니…. 내가 어리석었어.'

김정호가 실의에 빠져 있을 때, 한참 동안 서서 김정호가 그린 지도를 보고 있는 한 선비가 있었습니다.

"이보오, 이 지도는 누가 만들었소?"

그 선비는 남루한 차림의 김정호에게 물었습니다.

"제가 직접 찾아가 확인하여 만든 것이지요."

선비는 아주 정밀한 지도와 예사롭지 않은 김정호의 모습에 마음이 끌려 있었습니다.

"이 지도가 얼마요?"

"글쎄, 값을 정해 놓지 않았으니 알아서 주십시오."

"허허허, 장사를 처음 하는 분이구려. 이것은 내가 사겠소. 하지만 지금은 가진 돈이 없는데, 집에 가서 드리면 안 되겠소?"

그리하여 김정호는 선비의 집까지 따라가게 되었습니다.

바로 그 선비는, 그날 과거 시험에 급제한 정승댁 자제인 최한기라는 사람이었습니다.

최한기는 김정호의 지도를 보고, 앞으로 큰일을 하는 데 꼭 필요한 사람이라고 생각한 것입니다.

그때부터 김정호는 최한기네 집에 10년 넘게 머물면서 지도를 만드는 데 열중하였습니다.

김정호가 서른이 넘었을 때는, 최한기의 추천으로 꿈에 그리던 규장각의 일도 하게 되었습니다.

"이보게, 정호. 이제부터 규장각에서 지도를 만들어 보게. 우리 나라의 지도 말일세. 다만, 자네가 천민 출신이라서 군직 이상의 벼슬에 오를 수는 없지만 지도를 만드는 데는 전혀 불편함이 없을 거네."

"뭐, 규장각에서 내가 지도를? 그게 정말인가?"

김정호와 최한기는 손을 맞잡았습니다.

그 후, 김정호는 전국 팔도를 돌아다니며 우리 나라의 여러 곳을 지도로 그려냈습니다.

그리하여 1834년(순조 34)에 〈청구도〉라는 2첩의 지도를 완성하였습니다.

하지만 거기에 만족하지 못한 김정호는 다시 전국을 답사하여 1861년(철종 12)에 〈대동여지도〉를 완성하였습니다.

그리고, 그 대동여지도를 만든 후에도 삼국사기의 〈지리지〉와 고려사의 〈지리지〉 〈동국여지승람〉 〈여지고〉, 각 주·현·읍지의 서적을 읽고 잘못된 점을 다시 찾고 조사하여, 32권 15책의 개정된 〈대동여지도〉라는 대 지도를 완성하였답니다.

그것은 30여 년 동안 전국 방방곡곡을 찾아 헤매면서 그의 피와 땀으로 이뤄낸 집념의 결정체였습니다.

〈대동여지도〉는 한 첩의 길이가 20센티와 30센티로, 각 지도에 표시하는 부호를 스물 두 가지로 만들어 정확히 기록하였고, 우리 나라 전

체를 22첩으로 구분하고, 가로 세로로 맞추면 그 전체가 그대로 하나의 우리 나라의 땅 모양이 되도록 하였습니다.

또한, 10리마다 점을 표시를 하여, 그 정밀성과 정확성에 대해서는 재차 말할 필요가 없을 정도입니다.

이렇게 만들어진 지도는 서양에서도 볼 수 없는 독특한 것으로, 우리 나라 현대 지도가 만들어지기 전까지 표준 지도의 역할을 하였습니다.

그러나 김정호가 한평생을 바쳐 만든 이 지도는, 김정호에게 큰 불행을 가져다 주었습니다.

'나라를 지키기 위해서는 지도가 꼭 필요해. 외적들이 침략할 때에도 우리 군사들이 나라의 지형과 지리를 잘 알면 외적들을 쉽게 포위하고 물리칠 수 있을 거야.'

이렇게 생각한 김정호는 〈대동여지도〉를 흥선 대원군에게 바쳤습니다. 대원군은, 당시 임금인 고종의 아버지로서, 실질적인 나랏일을 도맡아 보고 있었습니다.

흥선 대원군은 외래의 문물을 배척하는 '쇄국정책'을 폈는데, 우리 나라를 넘보는 외국인들을 모두 야만인으로 취급하였습니다.

"아니! 외국의 야만인들이 우리를 호시탐탐 노리고 있는 터에, 이런 지도를 만들어 국가의 기밀을 누설해? 이 고얀 놈!"

대원군의 생각은 김정호와 전혀 달랐습니다.

결국, 김정호가 대원군에게 바친 모든 지도의 각판은 불살라 없어지고, 김정호 마저 옥에 갇혔다가 거기서 숨지고 말았습니다.

그나마 최한기를 비롯한 몇몇 선각자만이 귀중하게 생각하여 보관하던 지도들이 현재까지 남겨졌을 뿐입니다.

김정호는 굳은 의지와 신념으로 한평생을 바쳐 우리 나라 지도를 만들었습니다. 하지만 때를 잘못 만나 대원군의 쇄국정책에 희생된 것입

니다. 그러나 그의 빛나는 업적은 수 년이 흐른 후에 비로소 빛을 보게 됩니다.

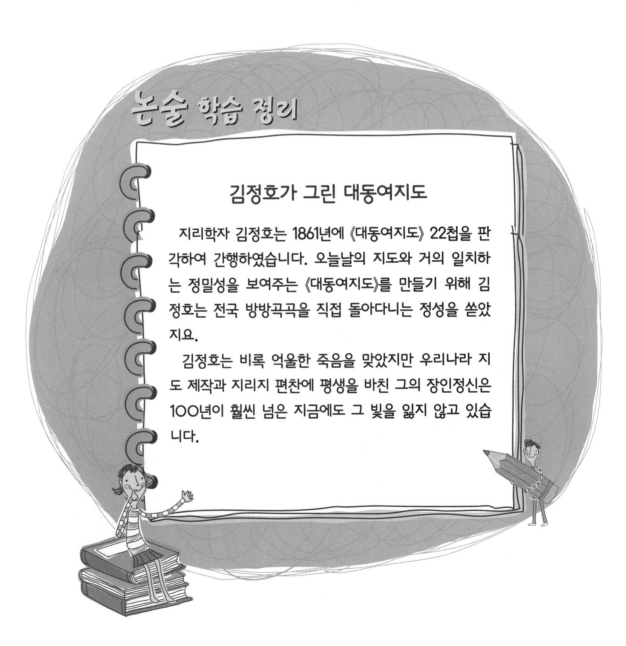

논술 학습 정리

김정호가 그린 대동여지도

지리학자 김정호는 1861년에 《대동여지도》 22첩을 판각하여 간행하였습니다. 오늘날의 지도와 거의 일치하는 정밀성을 보여주는 《대동여지도》를 만들기 위해 김정호는 전국 방방곡곡을 직접 돌아다니는 정성을 쏟았지요.

김정호는 비록 억울한 죽음을 맞았지만 우리나라 지도 제작과 지리지 편찬에 평생을 바친 그의 장인정신은 100년이 훨씬 넘은 지금에도 그 빛을 잃지 않고 있습니다.

논술 보충 학습 자료

1 김정호가 살던 시대와 당시는 어떤 상황인가?

조선의 말기로, 철종과 고종 등 임금 자체에 실권이 없고 외척세력이나 친척 등 다른 세력들이 조정을 장악하던 시기.

2 김정호가 지도를 그리게 된 까닭은?

어릴 적부터 지도에 관심이 많았고, 아버지가 아들 김정호의 실력을 인정하여 동네 사랑방에 정호가 그린 지도를 붙여놓음으로써 용기를 얻었다. 성장하여 한양 규장각에서 지도를 보았는데, 너무 자세하지 않고 틀린 곳이 많아 정밀한 지도를 그릴 것을 다짐하게 됨.

3 교통수단도 없는 옛날에 김정호가 지도를 그린 방법은?

전국 팔도를 일일이 찾아다니며 길을 그리고, 높은 산에 올라가 사방의 지형을 살펴보는 등 평생을 걸어다니며 직접 길을 그려나갔다.

4 미천한 출신의 김정호를 규장각으로 발탁한 최한기의 뜻은?

비록 출신은 미천하지만, 나라를 위해 김정호가 그린 지도가 반드시 보탬이 될 것이라고 생각하기 때문이다.

5 김정호는 왜 감옥에 들어가게 되었을까?

외적들의 침략에 대비하여, 우리 군사들이 나라의 지형과 지리를 잘 알면 외적들을 쉽게 포위하고 물리칠 수 있을 거라는 충성심에서 〈대동여지도〉를 바쳤다. 그런데 당시 외래 문물을 배척하는 '쇄국정책'을 폈던 대원군에 의해 국가 기밀을 누설했다는 억울한 누명을 쓰게 되어 투옥되었다.

6 대동여지도에 대하여 자세히 알아보자.

가로와 세로가 20cm와 30cm로, 모두 22첩을 연결하면 우리 나라 모양이 되게 하였다. 각 지도에 부호를 표시하고 10리마다 점을 찍어 정밀하게 만들었다.

우리 한민족의 조상 할아버지

단군

단군이 누구예요?

- ❀ 이름 : 단군 (檀君) 혹은 단군왕검, 단웅천왕

- ❀ 특징 : 우리 민족의 시조로 받드는 고조선 임금

- ❀ 출생과 사망 : 기원전 2400년 경

- ❀ 과정 : 천제 환인의 손자이며 환웅과 웅녀의 아들로, 서기전 2333년 아사
  달에 도읍을 정하고 단군조선을 개국하였다. 《삼국유사》 기이편에
  단군은 웅녀와 환웅이 혼인하여 낳은 자식이며, 평양성에 도읍을 정
  하고 조선을 세웠다고 전한다. 그는 1,500년 동안 나라를 다스렸으
  며, 후에 산신이 되었는데 그때 나이가 1,908세였다고 한다.

단군은 이런 사람이야!

옛날 옛적, 하느님인 환인에게는 잘 생기고 늠름한 환웅이라는 아들이 있었습니다.

환웅은 홀로 구름 위에 앉아서 인간들이 사는 땅을 내려다 보는 것이 취미였습니다.

"아아, 나도 인간 세상에 내려가 살고 싶다. 내가 땅으로 내려 간다면 사람들을 위해 좋은 일도 많이 할 수 있을 텐데."

그런데 아버지 환인도 벌써부터 환웅의 뜻을 알아차리고 어느 땅에 아들을 내려 보낼 지를 궁리하고 있었습니다.

"옳지, 삼위태백 중에서도 태백산(지금의 묘향산 : 백두산 부근)으로 보내면 좋겠구나."

환인은 장소를 결정하고 아들을 불렀습니다.

아버지의 부름을 받은 환웅은 오늘은 꼭 자신의 소원을 말하겠다고 굳게 결심했습니다.

"부르셨습니까, 아바마마?"

하느님은 얼굴 가득 인자한 미소를 띠고 고개를 끄덕였습니다. 환웅이 인사를 하고 고개를 들어보니 아버지는 손에 금빛 찬란한 천부인(하느님의 신분을 표시하기 위한 인장) 세 개를 들고 계셨습니다.

'아버지께서 왜 천부인을 들고 계실까?'

환웅이 이렇게 생각하고 있을 때, 하느님께서 말씀하셨습니다.

"환웅아, 인간 세상에 내려가고 싶으냐?"

환웅은 아버지인 환인이 자신의 마음을 꿰뚫어 보고 있다는 것을 알고 가슴이 뜨끔했습니다.

그와 동시에 아버지가 천부인을 들고 있는 까닭도 알 수 있었습니다.

"그렇습니다, 아바마마. 소자는 세상에 내려가 천하를 다스려 보고 싶습니다!"

"네 뜻이 정 그렇다면 그렇게 하여라!"

하느님은 천부인 세 개를 환웅에게 내려주며 태백으로 내려가도록 하였습니다.

"아바마마. 소신, 정성을 다해 세상을 살피겠나이다."

환인의 허락을 받은 환웅은 뛸 듯이 기뻤습니다.

모든 준비가 끝나자 환웅은 삼 천명의 부하를 이끌고 태백산(지금의 묘향산)으로 내려 왔습니다.

"여봐라, 나는 이제부터 환웅천왕이니라. 여기 신단수 밑에 새 나라를 세우고, 천하를 다스리겠노라."

환웅천왕은 바람과 비, 구름의 신을 거느리고, 곡식과 인간의 수명·질병·형벌·선악에 관한 일들을 비롯하여, 모든 인간들에게 필요한 삼백 육십여 가지 일들을 주관하며 온 세상을 다스렸습니다.

이렇게 환웅천왕이 평화롭게 세상을 다스리던 중 곰 한 마리와 호랑이 한 마리가 찾아오더니 사람이 되게 해 달라고 간절히 청하였습니다.

환웅천왕은 그 마음을 갸륵히 여겨 쑥 한 줌과 마늘 스무 쪽을 곰과 호랑이에게 각각 나누어 주며,

"동굴 속에서 이 음식들만 먹고 꼼짝 않고 기도하면 백일 후에는 반드시 사람으로 변하리라."

고 하였습니다. 호랑이와 곰은 공손히 그 음식을 받아가지고 동굴 속으로 들어갔습니다.

하지만 성질 급한 호랑이는 일 주일도 채 안되어,

"내가 호랑이로 그냥 사는 게 낫지 백일 동안 쑥과 마늘만 먹고는 못 살겠다!"

하며 동굴에서 뛰쳐 나와 숲으로 달아났습니다.

그러나 곰은 답답함과 배고픔을 참고, 사람이 되기만을 바라며 하루 하루 기도에 전념했습니다.

이를 갸륵하게 여긴 환웅천왕은 삼칠일(21일) 후에 곰을 동굴 밖으로 나오게 하고, 자기 모습을 물 속에 비춰 보게 하였습니다.

그러자 놀라운 일이 일어났습니다.

'곰' 은 드디어 아름다운 여자의 모습으로 변해 있었던 것입니다. 그러나 기쁨도 잠시, 함께 살 낭군이 없어 외로운 때가 많았습니다.

그래서 어느 날부터 신단수 밑에서 하늘을 향해 열심히 기도를 올렸

습니다.

"하느님, 저도 낭군님을 만나 아들을 낳을 수 있도록 도와 주시옵소서."

웅녀를 가엾게 여긴 환웅천왕은, 늠름한 청년으로 변하여 웅녀에게 혼인할 것을 청하였습니다.

웅녀는 환웅천왕을 극진하게 생각했고, 둘 사이에 드디어 아이가 태어났는데 그가 바로 우리 민족의 시조인 '단군' 입니다.

단군은 무럭무럭 성장하여 환웅에게서 제사장의 능력을 이어받아 '탕골' 이라는 칭호를 받게 되었습니다.

그리고 아버지 환웅이 다시 하늘로 승천하자 '왕검' 이라는 왕의 칭호까지 물려 받아 우리 나라, 우리 민족 최초의 국가인 '고조선' 을 건설하게 된 것입니다.

그때는 지금으로부터 4333년 전으로, 평양성에 도읍을 정하고, 국호를 '조선(고조선)' 이라 불렀습니다. 왕검은 다시 도읍을 백악산 아사달로 옮겼습니다.

단군 왕검은 그곳에서 1500년 동안 나라를 다스리다가, 1908세에 세상을 떠나 조상들이 있는 하늘나라로 돌아갔다고 합니다.

단군왕검이 세운 나라를 '고조선' 이라고 하는 이유는, 1392년 이성

계가 세운 '조선'과 이름이 같아서 이를 구분하기 위해, '옛날 조선'이
라는 뜻으로 '고조선(古朝鮮)'이라고 부르게 된 것입니다.

　또한 단군으로부터 나라가 시작된 해를 기준으로 하여 4333년은 '단
기', 부처가 태어난 해를 기준으로 하는 것이 '불기', 그리고 서양에서
유래된 예수가 태어난 해를 기준으로 하는 것이 바로 '서기'입니다. 그
러니까 서기 2000년을 기준으로 하여 단기는 4333년, 불기는 2544년

입니다. 우리 나라에서 서기를 정식으로 사용하게 된 것은 1961년부터 입니다.

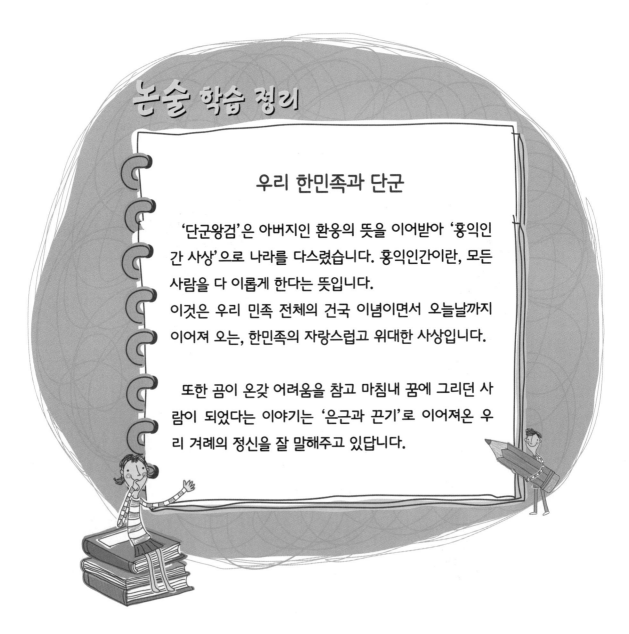

논술 학습 정리

우리 한민족과 단군

'단군왕검'은 아버지인 환웅의 뜻을 이어받아 '홍익인간 사상'으로 나라를 다스렸습니다. 홍익인간이란, 모든 사람을 다 이롭게 한다는 뜻입니다.
이것은 우리 민족 전체의 건국 이념이면서 오늘날까지 이어져 오는, 한민족의 자랑스럽고 위대한 사상입니다.

또한 곰이 온갖 어려움을 참고 마침내 꿈에 그리던 사람이 되었다는 이야기는 '은근과 끈기'로 이어져온 우리 겨레의 정신을 잘 말해주고 있답니다.

1 단군이 활약했던 시대에 대해서 알아 보자.

인류의 역사가 시작된 선사시대를 지나고, 돌로 연모를 만들어쓰는 석기 시대가 또 지나, 철기 문화가 시작된 서기전 4세기 무렵이다. 서기 2000년을 기준으로 하면 4333년 전이다.

2 환웅천왕이 나라를 다스리기 위한 능력에는 무엇이 있었나?

환웅천왕은 바람과 비, 구름의 신을 거느리고, 곡식과 인간의 수명·질병·형벌·선악에 관한 일들을 비롯하여, 모든 인간들에게 필요한 삼백 육십여 가지 일들을 주관하며 온 세상을 다스렸다.

3 웅녀는 얼마 만에 사람의 모습이 되었나?

환웅천왕은 호랑이와 곰에게 쑥과 마늘을 주며 100일 동안 동굴에 있으라는 분부를 내렸지만 일 주일 만에 호랑이는 뛰쳐나갔고, 곰은 21일 만에 나올 수 있었다.

4 단군이 태어나게 된 상황을 이야기 해 보자.

동굴에서 쑥과 마늘을 먹으며 인간이 되게 해달라고 기도했던 웅녀가 마침내 사람이 되고, 웅녀는 환웅의 아내가 되어 단군을 낳았다.

5 단군이 세운 나라에 대해 설명해 보자.

아버지인 환웅에게서 제사장의 능력을 이어받아 '탕골' 이라는 칭호를 받고, 환웅이 하늘로 승천하면서 왕의 능력인 '왕검' 이라는 칭호를 받았다. 지금으로부터 4333년 전 우리 민족 최초의 국가인 '고조선' 을 건설한 것이다.

처음에는 평양성에 도읍을 정했고, 다시 도읍을 백악산 아사달로 옮겨, 1500년 동안 나라를 다스렸다.

우리 나라에 따뜻한 목화를 심은

문 익 점

문익점이 누구예요?

❀ 이름 : 문익점(文益漸)

❀ 특징 : 고려의 학자, 문관

❀ 출생과 사망 : 1329(고려 충숙왕 16)~1398(조선 태조 7)

❀ 본관 : 남평

❀ 자 : 일신(日新)

❀ 시호 : 충선 (忠宣)

❀ 과정 : 1360년(공민왕 9) 문과에 급제하여 김해부사록 · 순유박사를 지내고 1363년 좌정언이 되어, 그해 계품사 이공수와 함께 서장관으로 원나라에 들어가게 된다. 그는 원나라에서 목화씨를 얻어와 재배에 성공하여 우리 나라 의류 발전에 막대한 공헌을 하였다.

문익점은 이런 사람이야!

고려 말의 학자이며 충신인 문익점은 우리 나라에 처음으로 목화씨를 퍼뜨림으로써, 의복 혁명을 가져다 준 인물입니다.

문익점은 32살 때인 1360년에 과거에 합격하여 김해부사록이라는 벼슬을 받았고, 35살에는 좌정언이란 벼슬에 올랐으며 서장관으로 원나라에 갔습니다.

원나라에는 고려에서 도망간 최유가, 고려의 공민왕을 몰아내고 덕흥군을 왕으로 세우려고 음모를 꾸미고 있었습니다. 덕흥군은 충선왕의 세째아들로, 어릴 때부터 원나라에서 살고 있었습니다. 최유는 고려에 있는 김용과 손을 잡고 음모를 꾸미고 있던 중, 원나라에 온 문익점에게도 접근을 한 것입니다.

"후한 벼슬을 주겠으니, 덕흥군을 왕으로 옹립하는 일에 협조해 주시오."

하지만 문익점은 한마디로 거절하며 최유를 꾸짖었습니다. 그러자 최유는 원나라 순제의 힘을 빌리기로 하였습니다. 최유의 말을 들은 순제는 문익점을 불러 타이르며 설득하려 했습니다.

그러나 문익점의 충절에는 변함이 없었습니다. 결국 화가 난 순제는 문익점을 윈난 지방으로 귀양을 보냈습니다. 중국 남쪽 멀리 떨어져 있는 윈난 지방으로 귀양온 문익점은, 방 안에서 책을 읽으며 쓸쓸한 나날을 보냈습니다.

하루는 그 지방의 어느 선비가 찾아왔습니다. 두 사람이 학문이야기를 주고받다가 문익점의 눈에 들어온 것은 바로 무명옷이었습니다.

그 무렵, 고려에서 사용하는 옷감으로는 삼베와 모시, 명주 등이 있었습니다. 삼베와 모시는 만드는 데 힘이 들었으며, 명주나 모시는 비싸서 귀족들만 옷을 지어 입었습니다. 그래서 백성들은 삼베나 짐승의 털 가죽으로 옷을 지어 입어야 하는 실정이었습니다.

그 선비에게서 무명옷과 목화에 대한 이야기를 전해들은 문익점은 가슴이 뛰었습니다. 고려 백성도 따뜻한 옷을 입을 수 있는 희망이 생겼기 때문입니다. 마침내 중국 선비를 따라 구름과 같은 목화밭을 구경하게 되었습니다.

문익점이 저도 모르게 목화밭 가까이로 성큼성큼 걸어가자, 중국 선비가 따라오며 말했습니다.

"우리 나라 법에는 목화씨가 다른 나라에 흘러 들어가는 것을 막는 내용이 들어 있습니다."

문익점은 가슴이 뜨끔하였습니다. 그러나 곧 웃는 얼굴로 말했습니다.

"가까이 가서 구경만 하면 잡아가지는 않겠죠?"

목화의 원산지는 인도입니다. 그리고 중국에서 목화를 재배한 지 불과 수십 년밖에 안 되었기 때문에 귀중한 목화가 다른 나라로 흘러 들어가는 것을 법으로 엄격하게 막고 있었습니다.

그 날 이후 문익점은 목화에 대한 생각으로 밤잠을 설쳤습니다. 그리고 여러 날을 목화농장 주인과 사귀며, 몰래 목화 두 송이를 빼돌렸고, 거기서 잘 익은 씨앗 10개를 골라내는데 성공했습니다.

마침내 문익점은 귀양살이에서 풀려나게 되었습니다.

문익점은 뛸 듯이 기뻤지만 더욱 어려운 문제가 남아 있었습니다. 그것은 목화씨를 어디에 숨겨 가지고 국경선을 넘느냐 하는 문제였습니다.

국경에서는 중국 관리들이 철저하게 짐을 조사하고 있었기 때문에, 만일 목화씨를 가지고 나가다가 들키면 큰 벌이 내려집니다.

생각끝에 문익점은 잘 익은 목화씨 10개를 붓두껍 속에 감추고는 봇짐을 꾸렸습니다. 이튿날 문익점은 가벼운 발걸음으로 고국을 향해 떠났습니다.

국경선에 다다르니, 과연 중국 선비의 말처럼 사람들의 짐을 세밀하게 조사하고 있었습니다. 관리는 문익점이 풀어 보인 봇짐을 뒤적거리다가 붓을 집어들었습니다. 문익점은 심장이 쿵쿵 뛰었습니다.

"웬 붓을 이렇게 많이 사셨나? 보아하니 학자님 같으신데, 혹시 숨겨 가지고 가는 건 없겠지요?"

관리는 문익점을 힐끔 보고는 가라고 손짓을 하였습니다.

문익점의 등에서 식은 땀이 주루룩 흘렀습니다.

고려로 돌아온 문익점은, 여러 가지 우여곡절 끝에 장인 정천익의 도

움으로 목화 꽃을 재배하는데 성공하였습니다. 그리고 홍원이라는 중국 스님에게, 목화에서 실을 내어 무명을 짜는 기술도 배웠습니다. 무명 옷감 짜는 법은 곧 마을에서 마을로 퍼져 나갔습니다. 그리하여 마침내 고려 백성들도 따뜻한 무명옷을 입게 되었답니다.

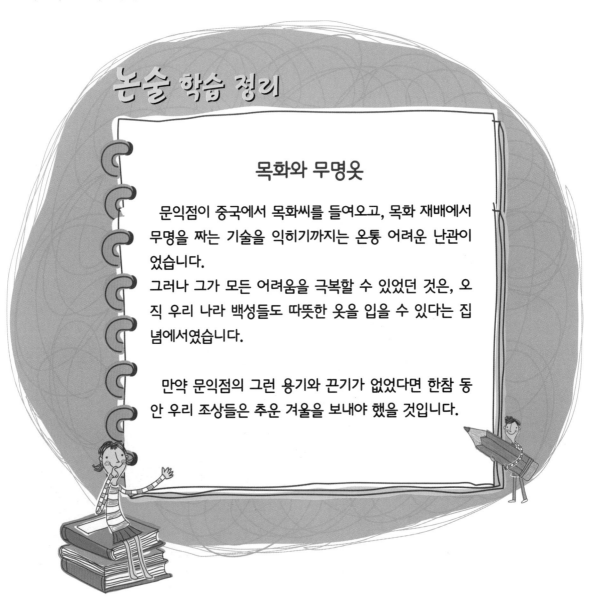

논술 학습 정리

목화와 무명옷

문익점이 중국에서 목화씨를 들여오고, 목화 재배에서 무명을 짜는 기술을 익히기까지는 온통 어려운 난관이었습니다.
그러나 그가 모든 어려움을 극복할 수 있었던 것은, 오직 우리 나라 백성들도 따뜻한 옷을 입을 수 있다는 집념에서였습니다.

만약 문익점의 그런 용기와 끈기가 없었다면 한참 동안 우리 조상들은 추운 겨울을 보내야 했을 것입니다.

1 문익점이 살았던 시대는?

1329년(고려 충숙왕 16)~1398(조선 태조 7)년에 살았던 사람으로, 고려가 망하고 조선이 건국되던 시기이다. 당시 문익점이 원나라에 있을 때는 고려 공민왕 때로, 갖가지 역모 사건과 신돈이라는 정치 거물이 조정을 흔들어 매우 어수선하고 불안한 고려의 말기였다.

2 문익점은 어떻게 목화를 알게 되었나?

원나라 순제에 의해 중국에서도 남쪽 끝에 있는 윈난 지방으로 귀양을 가게 되었는데, 그 지방에서 무명옷을 입은 선비를 만나면서 목화를 알게 되었다.

3 중국에서 목화를 외부로 나가지 못하게 하는 이유는?

목화의 원산지는 인도인데, 당시 중국에서도 목화를 재배한 지 불과 수십 년밖에 안 되었다. 때문에 어렵게 구한 귀중한 목화가 쉽게 다른 나라로 흘러 들어가는 것을 법으로 엄격하게 막고 있었다.

④ 목화를 무사히 우리 나라에 가져오게 된 과정을 이야기 해 보자.

목화 농장 주인을 사귀며 여러 날을 다닌 끝에 목화 송이에서 씨앗 10개를 거두는데 성공하였고, 그것을 붓두껍 속에 넣어 국경선 관리의 눈을 피할 수 있었다.

⑤ 우리 주변에 목화로 만들어진 것은 무엇이 있는지 찾아 보자.

목화솜을 이용한 두꺼운 겨울 이불, 속옷들과 청바지 등 면으로 된 의류들

송도삼절의 하나로 꼽히는

서 경 덕

서경덕이 누구예요?

❀ 이름 : 서경덕 (徐敬德)

❀ 특징 : 조선 초기의 철학자, 성리학의 대가

❀ 출생과 사망 : 1489 (성종 20) ~ 1546 (명종 1)

❀ 자 : 가구 (可口)

❀ 호 : 화담 (花潭)

❀ 본관 : 당성 (唐城)

❀ 과정 : 집안이 가난하여 독학으로 공부하고, 14세에 복잡한 태음력의 수학
　　　　적 계산을 스스로 해독하였다. 산속에 살면서 제자들을 가르치는 중
　　　　조광조에 의해 현량과에 추천을 받았으나, 학문 연구에만 전념하고
　　　　명승지를 돌아다니며 여러 편의 기행기를 남겼다.

❀ 저서 : 《화담집》 외에 그의 사상을 담은 〈원리설〉 〈이기설〉 〈태허설〉
　　　　〈귀신사생론〉 등

서경덕은 이런 사람이야!

조선시대의 유명한 학자인 화담 서경덕 선생이 어렸을 때의 일입니다.

하루는 서당 선생님이 서경덕을 불러 선반 위에 있는 책을 내려오라고 하셨습니다.

책은 서경덕이 발돋움을 하면 충분히 닿을 선반 위에 있었습니다. 그런데 서경덕은 자리에서 일어나 책은 내리지 않고 밖으로 나가는 것입니다.

"책을 내리라는데 어딜 가는 거야?"

그런 서경덕의 행동에 놀란 서당 친구들이 수근거렸습니다.

그런데 밖에 나갔다 들어오는 서경덕의 손에는 긴 회초리 하나가 들려있었습니다. 그리고는 선반 위에 놓인 책 위를 쓸어보는 것이었습니다.

"그렇지, 이렇게 걸릴 줄 알았어."

선반 위에 놓인 책 위에는 물그릇이 있었던 것입니다. 서경덕은 발판을 가지고 들어와 딛고 올라서서, 물그릇을 내리고 다시 조심해서 책을 내렸습니다.

그 그릇은 서당 훈장님이 일부러 엎어놓은 것이었습니다.

그 광경을 본 서당 훈장님과 친구들은 서경덕의 침착함과 조심성에 감탄하였습니다.

서경덕은 어머니가 공자의 사당에 들어가는 꿈을 꾸고 잉태하여 그를 낳았다고 합니다. 그는 나이 7~8세부터 총명하고 영특하여 어른의 말을 공경하며 잘 받들었습니다.

어려서부터 가난한 집안 형편 때문에 오래 서당을 다니지는 못했습니다. 하지만 학문에 대한 탐구심이 많아, 혼자서 공부하면서 모르는 것이 있으면 꼭 혼자의 힘으로 알아내고 마는 성질이었습니다.

1502년(연산군 8) 14세 때에는 음력에 대해 공부하다가, 해와 달이 도는 횟수에 의문이 생기자 보름 동안 궁리하여 스스로 깨쳤다고 합니다.

18세 때에는 〈대학〉을 읽다가 "학문을 하면서 먼저 사물을 깨닫지 않으면 글을 읽어서 어디에 쓰리오!"라고 탄식하고, 세상사물의 이름을 벽에다 써 붙여 두고 날마다 깊이 연구하였습니다.

서경덕은 벼슬에 뜻을 두지 않고, 자신의 연구와 제자 교육에 더욱 관심을 두었습니다. 31세 때에는 조광조에 의해 채택된 현량과에 응시하도록 수석으로 추천을 받았으나 사양하고, 개성 화담(花潭)에 서재를 세우고 연구와 교육에만 정진하는가 하면, 속리산과 지리산 등의 명승지를 구경하며 수많은 기행시를 남겼습니다.

또 1531년(중종 26)에는 어머니의 요청으로 생원시에 응시하여 장원으로 급제하였으나, 벼슬을 단념하고 성리학의 연구에 몰두하였지요. 그러나 1544년에 다시 김안국 등이 후릉참봉으로 서경덕을 추천하여 임명되었습니다. 하지만 벼슬에 대한 뜻이 없던 그는 계속 화담에 머물러 연구와 교육에 전념하였답니다.

서경덕은 특히 황진이, 박연폭포와 함께 '송도삼절(松都三絶)'로 잘 알려져 있습니다.

'송도삼절'이란, 송도에서 가장 뛰어난 세 가지 존재를 말하는 것입니다.

황진이는 조선 제일의 기생이며 여류 시인입니다. 그녀는 진사의 서녀로 태어나 자신의 처지를 한탄하여 기생이 되었는데, 미모가 출중하며 시인으로서의 뛰어난 재능도 가지고 있었습니다.

때문에 누구라도 황진이를 보면 다 반하고 말았지요. 당시 10년 동안 수도에 정진하여 살아있는 부처라고 불리던 지족선사마저 그녀의 유혹에 빠져 파계를 할 정도였답니다. 그런데 그런 황진이의 마음을 사로잡은 건 바로 서경덕이었습니다.

황진이는 높은 인격과 깊은 학문을 가진 서경덕을 사모하여 그를 유혹하려고 많은 애를 썼습니다. 하지만 이름난 기생 황진이도 서경덕의 마음을 움직일 수는 없었습니다.

그리하여 '송도삼절'이라는 말이 생기게 된 것이지요.

이러한 서경덕의 학문과 사상은 퇴계 이황과 율곡 이이같은 학자들에 의해서 그 독창성이 높이 평가되었으며, 한국 기철학 (氣哲學)의 맥을

형성하고 있답니다.

　서경덕이 죽은 뒤인 선조 8년 (1575)에 그를 우의정에 추증하였고, 1585년 신도비도 세워졌습니다.

　또한 그의 위패는 개성의 숭양서원·화곡서원에 모셔지게 되었습니다.

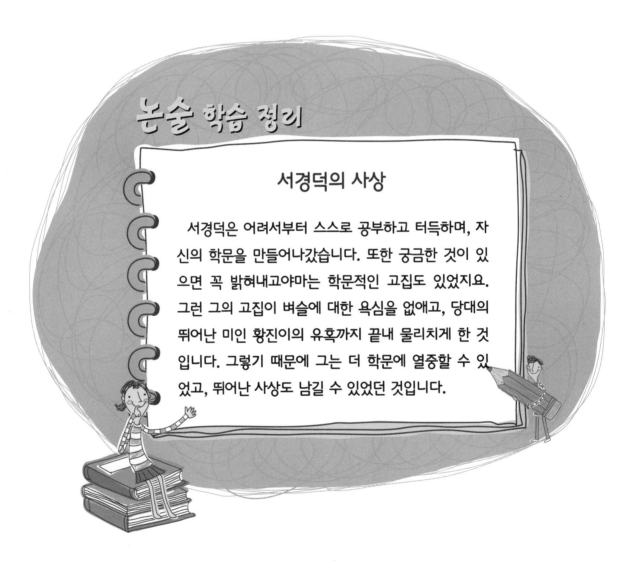

논술 학습 정리

서경덕의 사상

　서경덕은 어려서부터 스스로 공부하고 터득하며, 자신의 학문을 만들어나갔습니다. 또한 궁금한 것이 있으면 꼭 밝혀내고야마는 학문적인 고집도 있었지요. 그런 그의 고집이 벼슬에 대한 욕심을 없애고, 당대의 뛰어난 미인 황진이의 유혹까지 끝내 물리치게 한 것입니다. 그렇기 때문에 그는 더 학문에 열중할 수 있었고, 뛰어난 사상도 남길 수 있었던 것입니다.

1 서경덕이 살던 시대와 그 때의 상황은?

조선 성종 때 태어나 연산군, 중종, 인종, 명종 때까지 살던 사람이다. 당시의 시대는 연산군의 폭군 정치와 중종 반정, 그리고 중종 때에 조광조를 중심으로한 당파싸움으로 조정이 안정되지 못하고 어수선한 상황이었다.

2 서당에서 책을 꺼내라고 하는데 회초리를 들고 온 까닭은?

높은 곳에 있는 책 위에 무엇이 있을지 모르니, 회초리로 책 위를 훑어보아 무엇이 있는지 미리 조사하기 위해서다. 그리고 조심스럽게 물그릇을 내려놓고 책을 꺼냈다.

3 서당에서 서경덕의 행동에서 배울 점은?

무슨 일이든지 서두르지 말고, 조심성 있게 일을 처리해야 한다는 점이다.

4 서경덕의 공부에 대한 자세는 어떠했나?

학문에 대한 탐구심이 많아, 혼자서 공부하면서도 모르는 것이 있으면 꼭 혼자의 힘으로 알아내고 마는 성질이었다.

5 송도삼절이란 무슨 뜻인가?

'송도삼절' 이란, 송도에서 가장 뛰어난 세 가지 존재를 말하는 것으로, 황진이·박연폭포와 함께 서경덕을 말한다.

6 서경덕을 읽고 난 후 느낄 수 있는 것은?

무슨 일이든지 서두르지 말고 조심성 있게 처리하라는 것과 공부에 대해서는 꼭 해내고야 마는 스스로의 다짐, 그리고 유혹에 빠지지 않고 학문에 정진하는 곧은 마음 등을 배울 수 있다.

우리의 글 한글을 창제하신

세 종

세종이 누구예요?

❀ 이름 : 이도

❀ 특징 : 조선의 제4대 왕

❀ 출생과 사망 : 1397(태조 6)~1450(세종 32)

❀ 자 : 원정(元正)

❀ 호 : 장헌(莊憲)

❀ 출신 : 태종의 셋째 아들, 원경왕후 소생으로 1408년에 충녕군으로 봉군되고, 12년에 충녕대군, 1418년(태종 18)에 형 양녕대군 대신 왕세자에 책봉되었다. 그해 8월 22일에 태종의 양위를 받아 등극하였다.

❀ 저서 : 〈월인천강지곡〉 〈용비어천가〉 〈농사직설〉 〈삼강행실도〉 〈팔도지리지〉 등 학자들을 지도해서 많은 책을 펴냄

세종대왕은 이런 분이야!

세종의 아버지 태종이 임금으로 있을 때입니다.

나라에서는 타는 듯한 가뭄이 들어 논과 밭은 물론 강물까지 메말라 갈라졌습니다.

그러자 태종은 온 나라 안에 금주령을 내렸고, 몰래 술을 만들어 먹는 백성들은 형벌에 처한다는 명을 내렸습니다. 옛부터 나랏님의 덕이 없으면, 날이 가문다는 옛말을 잘 알고 있던 태종은 몹시 초조해졌습니다.

하루는 우울한 기분을 참다못한 태종이 술상을 차릴 것을 명하였습니다. 신하들은 임금의 눈치만 보면서 무거운 침묵이 흐르는 가운데 태종은 꿀꺽꿀꺽 술을 마셨습니다.

"아바마마!"

침묵을 깬 목소리의 주인공은 셋째 아들 충녕이었습니다.

"지금 무엇을 드시는 것입니까?"

태종은 머쓱해진 얼굴로 대답했습니다.

"잣술이로다."

"잣술은 술이 아니옵니까?"

"…잣술도 술은 술이지……."

"백성들에게는 금주령을 내리시고 나라의 어버이가 술을 마셔도 되는 건지요?"

".........."

태종은 어린 아들 앞이었지만, 몹시 부끄러워 새빨개진 얼굴을 떨어뜨렸습니다. 그리고 그 후로는 가뭄이 끝날 때까지 절대 술을 마시지 않았다고 합니다.

충녕대군이 일곱 살이 되던 해였습니다.

태종은, '자치통감'이라는 역사책을 공부하고 있는 큰아들 양녕대군과 셋째 충녕대군을 돌아보았습니다.

은근히 호기심이 생겨서 태종이 양녕에게 물었습니다.

"아버지가 나이 마흔이 넘었지만, 아직도 밤낮으로 공부를 하는 까닭을 알겠느냐?"

양녕대군은 고개를 숙이고 아무 말이 없었습니다.

그러자 답답해진 태종은 충녕에게 다시 물었습니다.

충녕대군은 아버지의 물음이 떨어지자마자 또박또박 대답하였습니다.

"임금은 나라를 다스리는 분이옵니다. 나라를 다스리려면 많이 아셔야 함은 당연한 일이옵니다."

태종은 충녕의 대답에 마음이 푸근해지다가, 다시 갑갑해졌습니다.

'양녕이 충녕처럼 총명하고 지혜롭다면 얼마나 좋을까…, 장차 세자로 책봉될 터인데……'

이듬 해인 1404년 8월, 양녕대군은 11살의 나이로 왕세자에 책봉이 되었습니다.

태종의 마음에는 충녕의 자질을 높이 샀지만, 맏아들에게 보위를 물려 주는 법도를 지키고 싶었습니다.

그러나 양녕은 세자로 오래 있지는 못했습니다.

양녕은 '왕자의 난'과 같이 피를 흘리며 임금에 오르는, 당시 현실을 잘 알고 있었습니다. 그리고 그런 여러 사건들을 보며 정치에 대해 몸서리를 쳤습니다. 그래서 그는 매일 사냥을 하며 공부에는 신경쓰지 않고, 궁궐 밖으로 나가 소란을 피우는 일이 많았습니다.

"양녕대군 때문에 걱정이구려. 그런데 충녕은 왜 이리 보이지 않는고?"

태종은 그런 양녕의 행동거지를 들으면서, 몹시 걱정하였습니다. 그리고 며칠째 보이지 않는 충녕을 찾았습니다.

"충녕대군께서는 벌써 나흘째 꼼짝 않고, 밤을 새워 책을 읽고 있나이다. 그러다 병이라도 나실까 염려되나이다."

1418년(태종 18) 6월, 태종은 아주 단호한 어명을 내렸습니다.

"세자 양녕을 폐하고, 충녕을 새롭게 세자로 책봉하노라!"

이 어명으로 맏아들을 두고 동생을 세자로 책봉하는 것에 대한 신하들의 반대도 많았지만, 태종은 흔들리지 않았습니다.

결국 양녕대군은, 하인 몇을 거느리고 경기도 광주땅으로 떠나게 되었습니다.

'다 내가 모자란 탓이야. 차라리 잘 된 일이지. 충녕은 나보다 더 총명

하고 공부를 열심히 하여 학식도 높으니, 나라를 다스려도 잘 할 거야.'

양녕대군은 스스로를 위로하며 충녕을 칭찬하였습니다. 태종 또한 양녕의 폐위를 가슴 아프게 생각하며, 양녕과 충녕을 불러 당부하였습니다.

"양녕, 네가 충녕에게 무슨 죄를 지었겠느냐. 부득이 셋째 충녕에게 나라를 맡기려 하는 이 아비의 뜻을 네가 부디 헤아려 주리라 믿는다. 또한 폐위를 하였다 하여 네게 해가 가는 일은 없을 것인즉, 아무 걱정 없이 마음 편하게 지내도록 해라. 그리고 충녕은 세자가 되었으니, 더 열심히 공부에 정진할 것이며, 양녕 형님에 대한 존경심과 형제간의 우애를 절대 잃지 않도록 하여라."

"명심하겠사옵니다, 마마."

이 충녕대군이 바로 조선 제4대 왕인 세종대왕입니다.

세종은 스스로 학문을 즐겨 밤새워 책을 읽었고, 임금이 된 후에도 항상 겸손하게 효도와 학문에 정진하였답니다.

특히, '집현전' 이라는 기관을 두어 실력있는 학자들을 모아 학문을 탐구하고, 정치에 관한 연구를 하게 하였고, 임금의 자문기관으로 그 역할을 다하게 하였답니다.

어느 겨울 날이었습니다.

밤 늦게까지 책을 읽고 있던 세종은 추운 날씨에 문득 집현전에서 숙

직을 하는 학자들이 걱정이 되었습니다.

"여봐라, 집현전에 가서 학자들이 있는지 가 보아라!"

세종의 명을 받은 시종이 집현전에 다녀오더니 작은 소리로 아뢰었습니다.

"신숙주 학자가 아직 글을 읽고 계십니다."

"신숙주 학자가? 허허, 나도 신숙주 학자가 잠들기 전까지 읽던 책을 마저 읽어야겠다!"

흐뭇한 세종은, 집현전 학자들이 학문을 연구하는 것을 보면서 종종 밤을 꼬박 새워가며 책을 읽었답니다.

학자들이 밤새 힘들게 학문 연구를 하는데, 임금으로서 그냥 잠을 잘 수 없다는 생각에서였습니다.

새벽닭이 울자, 세종은 직접 집현전으로 향했습니다.

집현전에는 신숙주가 책을 읽다가 잠들어 있었습니다.

"추운 날씨에 고생이 많구나!"

신숙주가 깰까봐 작은 소리로 중얼거리던 세종은 입고 있던 '어의(임금이 입는 옷)'를 벗어 신숙주를 덮어 주고 조용히 집현전을 나왔습니다.

곤한 잠에서 깨어난 신숙주는 몸에 덮여 있는 옷을 보고는 깜짝 놀랐습니다.

"아니! 상감마마의 어의가 아닌가!"

신숙주는 눈시울이 뜨거워졌습니다.

그 뒤 그는 나라를 위하고 학문 연구에 더욱 힘쓰며, 임금을 받들어 모시는 데에 정성을 다하였습니다.

세종은 백성을 위해 여러 분야에 힘을 기울였으나, 가장 큰 걱정은 따로 있었습니다.

'아, 답답한 일이다! 백성들은 법이 어떤 것인지도 모르고, 또 그렇기 때문에 죄를 짓는 것도 모르고 있으니…. 다 배우지 못한 탓이니라. 그러나

그들은 배우려고 해도 글을 깨우칠 여유가 없다. 어려운 한문을 배우는 데는 많은 시간이 필요한데, 농사일을 내던지고 한문을 배울 수도 없고. 백성들이 쉽게 익혀 간편하게 쓰고 읽는 글이 있었으면 좋으련만…….'

세종은 집현전 학자인 정인지 · 성삼문 · 신숙주 · 최항 · 박팽년 · 이개 · 이선로 등의 뛰어난 학자들에게 그 뜻을 전하고, 쉽게 배울 수 있는 글을 연구하라고 명하였습니다.

"마마, 훌륭한 한문이 있는데 무슨 글자를…. 게다가 평생을 걸려도 만들기 힘든 글자를 급하게 만들라니요?"

학자들은 난감한 얼굴을 하였습니다.

"한자는 글자 하나 하나에 뜻을 담고 있소. 그러나 우리 말에는 소리 나는 대로 적을 수 있는 글자가 필요하오. 이미 우리가 쓰고 있는 말들이니, 뜻은 다 통하게 될 것인즉, 쉽게 쓰고 읽을 수 있는 것이 가장 중요하오. 그러니 소리를 따라 만들어 보오."

그리하여 학자들이 우리나라 사람의 혀의 움직임을 연구하여, 가장 간단한 모양으로 익히기 쉽게 만든 글자가 한글인 것입니다. 이 때가 1443(세종25년) 12월이었습니다.

세종은 한글을 가리켜, '백성을 깨우치는 바른 글'이라는 뜻으로 '훈민정음'이라는 이름을 달았습니다.

그러나 이 훈민정음은, 한문을 고집하던 여러 학자나 벼슬아치들의
반대에 부딪혔습니다. 특히 집현전의 부제학 최만리는, 훈민정음이 제
정된 다음 해에 상소문을 올려, 훈민정음 사용을 극구 반대하였습니다.

그들은, 한문은 참다운 글이라는 뜻의 '진서(眞書)', 훈민정음은 거짓
글이라는 뜻의 '언문(諺文)'이라는 이름을 붙여, 훈민정음을 몹시 업신
여겼습니다.

세종은 반대하는 신하들에게 따끔하고 엄중하게 일렀습니다. 그러나 신하들의 반대 의견도 만만치 않았습니다. 그 때마다 세종은 너무나 가슴이 아팠습니다.

세종은 반대하는 신하들과 대립하면서도, 대궐 안에 언문청과 정음청을 두어 훈민정음을 더 연구하는 한편, 한문으로 된 책을 훈민정음으로 옮겨, 그 글자의 음과 뜻을 알 수 있게 하였습니다.

훈민정음은 만들어진 지 3년 만인 세종 28년, 1446년 음력 9월 10일 (양력 10월 9일)에 드디어 온 나라에 반포되었습니다.

훈민정음 머리말에는 다음과 같이, 세종의 백성을 사랑하는 마음이 담겨져 있습니다.

"나랏말이 중국과 달라서 글자와 뜻이 서로 맞지 않으니, 우리 백성들은 하고 싶은 말이 있어도, 그 뜻을 제대로 나타내지 못하는 일이 많다. 내 이것을 안타까이 여겨 새로 스물 여덟 자를 만들었으니, 사람마다 서로 쉽게 배워서, 쓰기에 편하게 할 따름이니라."

이후 조정에서의 모든 공공문서는 훈민정음인 한글로 쓰게 하였고, 과거 시험에도 훈민정음 과목을 신설하였습니다.

그러자 한글을 천시하고 한문만 고집하던 선비들도, 하는 수 없이 훈민정음을 배워야만 했습니다.

후에 집현전에서는, 〈용비어천가〉〈석보상절〉〈월인천강지곡〉 등을 한글로 발간하여 여러 백성들이 읽을 수 있게 하였고, 그것은 한글 발전에 큰 도움이 되었습니다.

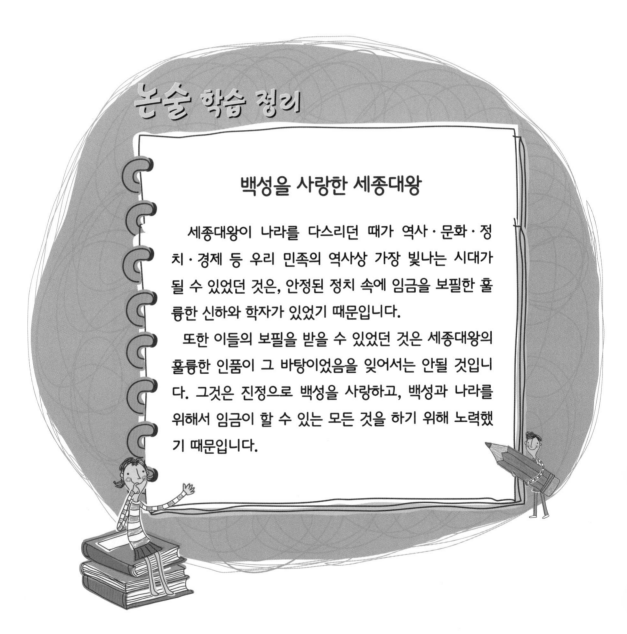

논술 학습 정리

백성을 사랑한 세종대왕

세종대왕이 나라를 다스리던 때가 역사 · 문화 · 정치 · 경제 등 우리 민족의 역사상 가장 빛나는 시대가 될 수 있었던 것은, 안정된 정치 속에 임금을 보필한 훌륭한 신하와 학자가 있었기 때문입니다.

또한 이들의 보필을 받을 수 있었던 것은 세종대왕의 훌륭한 인품이 그 바탕이었음을 잊어서는 안될 것입니다. 그것은 진정으로 백성을 사랑하고, 백성과 나라를 위해서 임금이 할 수 있는 모든 것을 하기 위해 노력했기 때문입니다.

논술 보충 학습 자료

1 세종대왕이 훈민정음을 만들게 된 까닭은?

배우지 못한 백성들은 법을 모르기 때문에 죄를 지어도 죄인
지 모르는 것을 안타깝게 생각했다. 또 백성들이 배우려고
해도 글을 깨우칠 여유가 없고, 어려운 한문을 배우는 데는
많은 시간이 필요했다. 그래서 백성들이 쉽게 익히며 간편하
게 쓰고 읽는 글을 만든 것이다.

2 신하들이 훈민정음을 어떻게 반대하였나?

오랫동안 한문에 익숙해졌던 신하들은, 한문은 참다운 글이
라는 뜻의 '진서(眞書)', 훈민정음을 '언문(諺文)'이라 칭하
며, 업신여겼고, 그것을 나라의 말로 한다는 것을 수치스럽
게 생각하였다.

3 세종 때에 만들어진 다른 것들에는 어떤 것들이 있나?

　천체 관측을 위한 〈간의대〉와 〈천구의〉

　해시계 〈앙부일구〉 〈현주일구〉 〈천평일구〉 〈정남일구〉

　물시계 〈자격루〉와 〈옥루〉, 비의 양을 재는 〈측우기〉

　저서에는, 유교적 예절을 정리한 〈오례〉와 〈사례〉

　의학 서적인 〈향약집성방〉 〈의방유취〉

　농업기술 서적인 〈농사직설〉

　우리 나라 지리책인 〈팔도지리지〉

　석가모니의 공덕을 찬양한 〈월인천강지곡〉

　충신과 효자, 열녀를 기록한 도덕서 〈삼강행실도〉 등

4 만약 현재 한글이 없다면 지금 어떠할지 한번 생각해 보자. 그리고 친구들과 함께 토론해 보자. 또 우리 한글이 있는 데, 왜 요즘에는 외국어를 배우는지 자기 생각을 이야기 해 보자.

이토히로부미를 사살한 독립투사

안중근

안중근이 누구예요?

❀ 이름 : 안중근 (安重根) 어릴 때는 응칠(應七)

❀ 특징 : 조선 말기의 의사, 열사

❀ 출생과 사망 : 1879 (고종 16) ~ 1910 (융희 4)

❀ 본관 : 순흥 (順興)

❀ 출신 : 황해도 해주 출생

❀ 성장 : 16세 때 신천의 프랑스 신부 밑에서 천주교 신자가 되었고,
　　　　사냥과 총쏘기를 잘하였다.

안중근은 이런 분이야!

안중근의 출생지인 황해도 해주 수양산 아래에는, 진사 안태훈 집이 아담하게 자리잡고 있었습니다.

하루는 안진사가 정원을 거닐다 의자에 앉아 깜빡 잠이 들었습니다. 그런데 난데없이 큰 호랑이 한 마리가 안진사의 앞에 와서 쪼그리고 앉으며 호소하였습니다.

"나쁜 포수들이 나를 쫓고 있습니다. 살려 주십시오."

안진사는 두 말 없이 호랑이를 곳간에 숨기고, 자물쇠를 잠궜습니다. 그 뒤 바로 험상궂게 생긴 포수 몇 사람이 들어와, 뜨락에 들어온 호랑이를 찾는 것이었습니다.

"글쎄요, 호랑이라고는 못 보았는데요."

안진사가 시치미를 떼고 말하자, 포수들은 허탈하게 돌아갔습니다.

안진사는 호랑이를 산으로 돌려보내려, 곳간 문을 열었습니다. 헌데 이것이 웬일입니까?

곳간 안에 호랑이가 없었습니다.

"내가 분명히 호랑이를 곳간에 넣고 자물쇠까지 채웠는데…, 귀신이 곡할 일이군."

혼잣말로 중얼거리며 방에 들어서던 안진사는 또 한 번 놀라지 않을 수 없었습니다. 그 호랑이가, 누워있는 아내 조씨를 지켜보고 있었습니다.

안진사는 행여 부인이라도 다칠까 다급하게 불렀습니다.

"여보, 여보!"

안진사는 자기 소리에 놀라 잠에서 깨었습니다. 이마에는 식은 땀이 베었습니다.

안진사는 상서롭지 못한 꿈이라 생각하면서 부인에게 꿈 이야기를 들려주었습니다.

"우리 집에 당대 영웅이 나겠어요."

부인 조씨는 손뼉까지 치면서 좋아했습니다. 그러나 안진사의 생각은 달랐습니다.

"글쎄 호랑이는 호랑이지만 쫓겨다니는 호랑이라서…."

"옛날에는 좋은 사람들이 악한 사람들의 모함을 받아 억울하게 쫓겨다니는 일도 있잖아요? 사내 대장부가 구구하게 오래 살면 뭘 해요. 나라를 위하여 일하다가 죽는다면 그 이상 떳떳한 일이 어디 있겠어요."

이튿날 저녁에 조씨도 꿈을 꾸었습니다.

그는 무슨 영문인지 밤중에 처마 밑에 나섰습니다.

뭇별들이 다정하게 속삭이며 조씨에게 미소를 보내고 있었습니다. 조씨는 별들을 황홀하게 쳐다보다가 그만 깜짝 놀랐습니다. 방금까지도 빛나고 있던 북두칠성이 와르르 떨어지는 것이었습니다. 조씨는 이상한 생각이 들어 자기도 모르게 치마폭을 감아들었습니다. 그랬더니 일곱 개의 별들이 곧바로 조씨의 치마 폭에 떨어졌습니다.

그 해 7월에 안진사에게 첫 아들이 태어났습니다.

자세히 살펴보니 아이의 가슴 아래에는 검은 점 일곱개가 있었는데,

마치 북두칠성과 같았습니다. 안진사의 아버지는 아이가 배에 일곱 개의 별이 있을 뿐 아니라, 꿈에 북두칠성을 치마폭에 받고 아이를 낳았다 하여 이름을 '응칠'이라 불렀습니다.

응칠은 부리부리하고 총명하게 생겼는데, 자라면서 점차 성급하고 경솔한 성질이 나타났습니다.

응칠의 할아버지는 아이에게 신중한 뜻을 담아야 하겠다고 생각하고 중근이라고 이름을 고쳤습니다.

안중근은 어릴 적부터 집안의 애국적인 정서를 받아, 의협심이 강한 아이로 자랐습니다.

그는 스무 살이 되면서부터 많은 친구를 사귀었는데, 주변에서 의협심이 강한 사람이 있다는 소문을 들으면, 곧바로 달려가 그를 방문하여 진지하게 이야기를 나누곤 하였습니다.

안중근이 26세가 되던 해에, 나라 안은 러일전쟁(러시아와 일본 전쟁)으로 온통 전쟁터로 변하였습니다.

한성(지금의 서울)에 주둔한 일본군은 경기도와 전라도 지방에 군사 계엄령을 내리고 조선을 통제하였습니다.

"이번 전쟁은 우리 나라에게 무조건 불리해. 일본이 승리하면 우리 나라는 일본에 먹힐 것이고, 러시아가 이기면 러시아에 먹힐 것이니,

나라가 힘이 없는 게 죄지."

안중근은 깊이 탄식하였습니다.

일본은 조선 백성의 울분과 반대에는 아랑곳없이 조선에 대한 침략을 강화하였습니다.

1905년 11월 17일, 일본의 강압에 의하여 을사보호조약이 체결되자, 조선의 각 계층에서는 여러 가지 형식의 구국 투쟁(어려움에 빠진 나라를 구하기 위한 운동)을 시작하였습니다.

안중근은 있는 재산을 모두 정리하여, 진남포에 삼흥학교와 돈의학교를 세워 청년들을 교육하기 시작했습니다.

그는, 뜻이 있는 사람들과 시국을 토의하고 일본에 대한 비판을 공공연히 내세웠기 때문에, 일본 경찰의 주목을 끌게 되었습니다.

"말이란 '아' 다르고 '어' 다르다는데, 말을 좀 조심하게. 그러다 큰일 나겠어."

주변에서 안중근의 안전을 근심하여 진심으로 충고하였습니다.

"저는 평생 곧게 살아왔고 의로 살아왔습니다. 만약 이 때문에 몸을 그르친다 하더라도 잘못될 것은 없습니다."

안중근은 청소년들을 위한 교육에 참가하는 한편, 전국적으로 전개된 '국채 보상 운동'에도 발벗고 나섰습니다. 그러나 조선의 현실은 날로

험악해졌습니다.

고종이 일본의 강압에 의해 왕위에서 퇴위되는 동시에, 순종이 즉위하고, 순종 즉위 4일 만에 '한일신협약'이 체결되었습니다. 그것으로 조선의 모든 행정과 사법 업무가 일본의 손에 넘어가고, 군대까지 해산당했기 때문에 사실상 일본에게 완전히 장악당한 것이었습니다.

이 소식은, 남포에서 조용히 학생들을 지도하며 시기만을 엿보던 안중근에게 그야말로 하늘이 무너지는 충격이었습니다. 그는 뜬 눈으로 밤을 새우며, 끓어오르는 분노를 삭혀야 했습니다.

안중근은 중국 동북이나 러시아로 가서 군사를 양성해야 할 필요성을 느끼고, 러시아 영토인 블라디보스톡으로 건너갔습니다. 거기서 군자금을 모금하고 무기를 구입하며, 동지들을 단합하여 의병대를 조직하였습니다.

그는 우덕순·조도선 등 12명의 동지들과 '단지동맹'을 맺고, 〈조선독립〉이란 혈서를 써서 끝까지 투쟁할 것을 맹세하였습니다.

1909년 6월, 안중근은 의병대를 인솔하여, 두만강 건너 경흥군 일본 수비대를 습격하고, 군사 시설을 파괴하여 50여 명의 왜병을 처치하였습니다.

1909년 9월, 블라디보스톡에는 조선을 침략한 이토 히로부미가 중국에 온다는 소문이 자자하게 퍼졌습니다.

특히 〈대동공보〉라는 신문에, 이토 히로부미가 10월 26일 하얼빈에 온다는 것을 제1면 머릿기사로 싣고 있었습니다.

안중근은 오랫동안 바라던 목적이 이제야 이룩되게 되었다고 생각하며 매우 기뻐하였습니다.

안중근과 우덕순은 이토 히로부미 소식을 정탐하기 위하여 기차를 타고 차이쟈코우역으로 내려갔습니다.

역무원들의 말에 의하면, 24일 저녁 특별 열차가 장춘에서 일본대신 이토 히로부미를 싣고 26일 아침에 차이쟈코우역을 통과한다는 것이었습니다.

"우리가 여기에 몰려있는 것은 좋지 않네. 또 정확히 아침 6시에 이토 히로부미가 탄 열차가 차이쟈코우역에 정차한다는 것도 확실하지 않고. 이번 기회를 놓치면 안되니, 나는 하얼빈으로 가겠네. 자네는 여기서 기회를 보아 행동하게."

이리하여 우덕순은 차이쟈코우역에 남고, 안중근은 하얼빈으로 갔습니다.

26일 아침 7시 안중근은, 새로 지은 양복을 입고 권총을 챙겨 하얼빈역 광장으로 나갔습니다.

'이토 히로부미, 넌 이제 끝났어!'

시간은 이미 8시가 지났습니다. 이토 히로부미를 환영하는 일본 교민들이 플래트 홈에 나가고 있었습니다.

안중근도 태연하게 일본 교민의 뒤를 따라 플래트 홈으로 나갔습니다.

러시아 병사들은 안중근을 일본 교민으로 알고 아무 조사없이 통과시켰습니다.

이토 히로부미를 실은 특별 열차는 차이쟈코우역에 정차하지 않고 곧장 달려, 10월 26일 오전 9시에 하얼빈 역 구내에 들어섰습니다.

특별 열차가 정차하자, 러시아 대장대신이 차에 올라갔습니다. 약 20분이 지나 러시아 대장대신의 안내로 이토 히로부미가 기차에서 내렸습니다.

이토 히로부미는 대장대신의 안내로 러시아 의장대 앞에 섰습니다. 검열이 시작된 것입니다.

안중근이 의장대 뒤에서 자리를 잡고 서자, 이토 히로부미가 지나갔습니다.

이토 히로부미는 검열을 끝낸 다음, 외교 사절과 인사를 나누고 돌아섰습니다. 그러자 일본 수행원들이 양쪽으로 갈라섰습니다. 이때가 정면으로 조준 사격할 수 있는 절호의 기회였습니다.

안중근은 날쌔게 권총을 꺼내들고, 이토 히로부미를 향해 연속 세 발을 쏘았습니다.

"탕, 탕, 탕!"

순식간에 날아온 탄알에, 이토 히로부미는 가슴을 끌어 안고 그자리에 쓰러져 즉사하였습니다.

러시아 병사들의 시선은 총소리가 나는 쪽에 몰렸습니다. 그들은 일본 사람처럼 보이는 청년이 권총을 쥐고 있는 것을 보고 깜짝 놀랐습니다. 일본인이 이토 히로부미를 저격한 것이라고 생각한 것입니다.

안중근은 나머지 세 발을 이토 히로부미의 옆에 있는 수행원들에게 쏘았습니다.

러시아 병사들은 안중근에게 탄알이 떨어졌다는 것을 확인한 후에야 달려들었습니다.

이토 히로부미를 쓰러뜨린 안중근은, 아주 태연하게 그 자리에 선 채 '대한 독립 만세' 를 우렁차게 외쳤습니다.

안중근은 러시아 형무소에 감금되어, 일본 법관의 심문을 받았는데, 일본 법관은 안중근을 달래며, 어떤 개인적인 오해에서 빚어진 행위로, 안중근의 거사를 숨기려 들었습니다.

왜냐하면, 일본의 거물이 조선인에게 살해당했다는 사실은 그들의 비

위를 건드리는 것이기 때문이었습니다.

하지만 안중근은 그들의 꼬임에 넘어가지 않고, 거사의 정당성을 말했습니다.

"나는 의병 참모로서, 하얼빈에서 독립투쟁으로 이토 히로부미를 죽인 것이지 자객으로 나타난 것이 아니다. 때문에 나는 전쟁 포로로 취급하는 것이 마땅하지, 결코 살인 피고인으로 너희들 앞에서 취조를 받을 수 없다!"

1910년 3월 26일 오전 10시, 안중근은 새로 지은 정갈한 한복을 입고 당당하게 교수대에 올랐습니다. 그때 그의 나이는 32세였습니다.

그날은 부슬부슬 비가 내려, 안중근의 처형을 아쉬워하는 사람들의 마음을 더욱 슬프게 하였습니다.

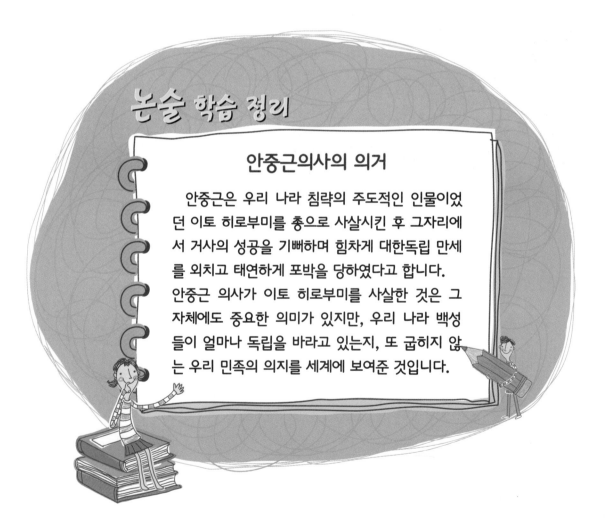

논술 학습 정리

안중근의사의 의거

안중근은 우리 나라 침략의 주도적인 인물이었던 이토 히로부미를 총으로 사살시킨 후 그자리에서 거사의 성공을 기뻐하며 힘차게 대한독립 만세를 외치고 태연하게 포박을 당하였다고 합니다. 안중근 의사가 이토 히로부미를 사살한 것은 그 자체에도 중요한 의미가 있지만, 우리 나라 백성들이 얼마나 독립을 바라고 있는지, 또 굽히지 않는 우리 민족의 의지를 세계에 보여준 것입니다.

논술 보충 학습 자료

1 안중근 의사가 살던 시대는 언제인가?

1879 (고종 16)에 태어나 1910 (융희 4)까지로, 조선이 일본의 강압으로 나라의 지배권을 빼앗기고, 일본이 조선을 강제로 점령하고 있을 때였다.

2 안중근 의사의 어렸을 때 이름이 응칠이였던 까닭은?

아버지 안진사는 아들 안중근의 배에 칠성 별이 있을 뿐 아니라, 꿈에 북두칠성을 치마폭에 받고 아이를 낳았다 하여 이름을 응칠이라 불렀다.

3 을사보호조약이란 무엇인가?

1905년(조선 광무 9) 11월 17일에 일본이 우리나라의 외교권을 빼앗기 위하여 강제적으로 맺은 조약이다. 당시 외무 대신 박제순과 일본 특명을 담당하는 하야시 곤스케 공사 사이에 체결되었다. 이 조약으로 인해 실질적으로 조선은 일본의 지배 아래 놓이게 되었다.

4 이토 히로부미를 사살하게 된 상황을 설명해 보자.

우리나라 침략의 주도적인 인물이었던 이토 히로부미가 특별 열차를 타고 1909년 10월 26일 하얼빈역에 도착한다는 것을 알게 된 안중근은, 그를 죽일 것을 결심하고 하얼빈으로 떠난다.

안중근은 이토 히로부미가 의장대 서열을 받고 돌아서는 틈을 타서 권총으로 정확히 명중시켰다. 그리고 나라의 원수를 죽인 기쁨으로 그 자리에서 대한독립만세를 외치고 태연하게 일본 경찰에게 체포되었다.

5 안중근의 거사가 중요한 이유는?

우리 나라 백성들이 얼마나 독립을 바라고 있는지, 또 굽히지 않는 우리 민족의 의지를 세계에 보여준 것입니다.

대한독립만세를 외친 독립투사

유관순

유관순이 누구예요?

⊛ 이름 : 유관순 (柳寬順)

⊛ 특징 : 삼일독립운동 때의 순국 처녀

⊛ 출생과 사망 : 1904(광무 8)～1920

⊛ 출신 : 충남 천안 출생으로 유중권의 딸이다. 예수교 공주 교회 선교사의 주선으로 이화학당에 입학하였다. 총명하고 의지가 굳어 어린 나이에도 겨레의 앞날을 걱정하여 독립운동에 나서서 뛰어들었다. 옥중에서 옥사한 후 1962년 3월 1일, 대한민국 건국공로훈장 단장을 받았다.

유관순은 이런 사람이야!

　1919년 1월 22일, 이화학당 기숙사에 있던 유관순은 기숙사 뒤쪽 언덕으로 산책을 나갔습니다.

　그곳은 당시 임금인 고종황제가 생활하고 있던 덕수궁이 보이는 곳이었는데, 유난히 사람들이 많고 시끄러워 보였습니다.

　'무슨 일이 있나? 왜 저렇게 바쁘게 움직이지?'

　유관순은 문득 불길한 예감이 들었습니다.

　이튿날, 교회로 예배를 보러 가던 유관순은 호외를 받아 보았습니다.

　호외는 나라에 특별한 일이 있을 때 임시로 만드는 신문인데, 거기에는 다음과 같은 기사가 크게 실려 있었습니다.

　[고종황제, 뇌일혈로 승하하다!]

　'아니, 그 동안 덕수궁에서 일본 관리들에게 갇혀 지내시던 고종황제께서?'

　교회에 갔을 때 이미 교회는 아수라장이었습니다.

"분명해, 고종황제는 쓰러지신 게 아니라 왜놈들에게 독살당하신 거야."

"나쁜 놈들, 우리 나라를 집어 삼키더니, 이제는 고종황제까지… 도대체 어쩌려고 이러지?"

고종황제가 돌아가셨다는 소식이 전해지자, 백성들은 땅을 치며 분노를 참지 못했습니다.

16살의 어린 유관순의 가슴에도 뜨거운 울분이 끓어올랐습니다. 그날 밤 기숙사 방에서는 여럿이 군데군데 모여 심각한 토론을 벌였습니다.

"애들아, 어른들이 모여 독립운동을 벌이기로 했대."

"독립운동?"

"그래, 왜놈에게 빼앗긴 우리 나라의 주권을 다시 찾자는 운동이지."

"우리도 가만 있을 순 없어! 우리 학생들도 나라를 위해서 뭔가를 해야 한다고!"

그 무렵, 손병희를 비롯한 33인은 독립선언서를 발표하고 3월 1일의 만세운동을 준비하고 있을 때였습니다.

유관순은 평소에 가깝게 지내던 김희자, 국현숙, 유점선, 김분옥, 서명학 등 6명이 모여 결사대를 만들었습니다.

그들은 태극기를 만들어 마을 사람들에게 나눠 주고, 기숙사 뒷담을 넘어다니며 만세를 불렀습니다.

이런 학생들의 만세운동 규모가 점점 커지고, 전국적으로 확산이 되자, 조선총독부는 각 학교에 임시 휴교령을 내렸습니다.

어쩔 수 없이 고향에 내려온 유관순은, 다부진 모습으로 동네 사람들을 모아놓고 설득하였습니다.

"지금 나라는 왜놈들에게 빼앗긴 주권을 되찾기 위해 온 겨레가 목숨을 바쳐 독립만세를 부르고 있습니다. 우리도 분명 조선사람입니다. 우리라고 가만히 있을 수는 없습니다.

자, 지금이야말로 용감하게 나서야 할 때입니다!"

"옳소! 우리도 나서야 한다구요!"

1919년 3월 1일.

그 날은 아오내 장터의 장날이었습니다.

유관순은 아버지 유중권과 어머니, 그리고 마을 사람들을 이끌고 아오내 장터로 갔습니다.

그들은 전날 밤 밤새도록 그린 태극기를 장터로 모이는 사람들에게 나누어 주었습니다.

유관순은 장터 한쪽에 높이 쌓인 쌀가마 위에 올라가 큰소리로 외쳤습니다.

"우리의 땅은 우리가 지킵시다. 저 왜놈들을 몰아내는 겁니다! 이제 우린 독립입니다. 대한 독립 만세!"

유관순이 먼저 외친 만세 소리를 신호로 수천 명이 넘는 군중들은 태극기를 힘차게 꺼내 들며,

"대한 독립 만세!"

"대한 독립 만세!"

하고 목이 터져라 외쳤습니다.

아오내 장터는 순식간에 대한민국 만세 소리가 퍼졌고, 하늘과 땅을 진동하게 하였습니다.

뜻밖의 사태에 어쩔 줄 모르는 일본 헌병들은 거센 파도처럼 밀려오는 태극기의 물결에 사정없이 총칼을 휘둘렀습니다.

이 때 유관순의 아버지, 어머니도 헌병들이 쏘아대는 총에 쓰러졌습니다.

아오내 장터는 순식간에 피바다가 되어 버렸습니다.

일본 헌병들은 이 운동의 주모자를 찾느라고 온 마을을 뒤지고 다녔습니다.

유관순은 잠시 몸을 숨기고 있다가 집으로 돌아갔는데, 이미 집에서 대기하고 있던 일본 헌병들에게 체포되어 천안 헌병대 본부로 보내졌습니다. 그러나 유관순은 모진 고문에도 굴하지 않고 꿋꿋하게 행동했습니다.

"주모자는 나요, 나는 나라를 사랑하여 독립만세를 부른 것 뿐이오. 당신들은 나를 신문할 자격이 없소. 여긴 당신네 일본 땅이 아니라 바로 조선, 조선땅이란 말이오!"

그리고 유관순은 큰소리로 다시 외쳤습니다.

"대한 독립 만세!"

결국 처음에 3년의 징역형을 받은 유관순은 법정에서 '대한독립 만세!'를 불러 징역이 7년으로 늘었고, 옥 속에 갇혀 있으면서도 계속 '대한 독립 만세'를 부르다가 1920년 일본 헌병의 칼에 맞아 쓰러지고 말았습니다.

그 때가 유관순의 나이 17살로, 아주 어린 나이에 순국한 것입니다.

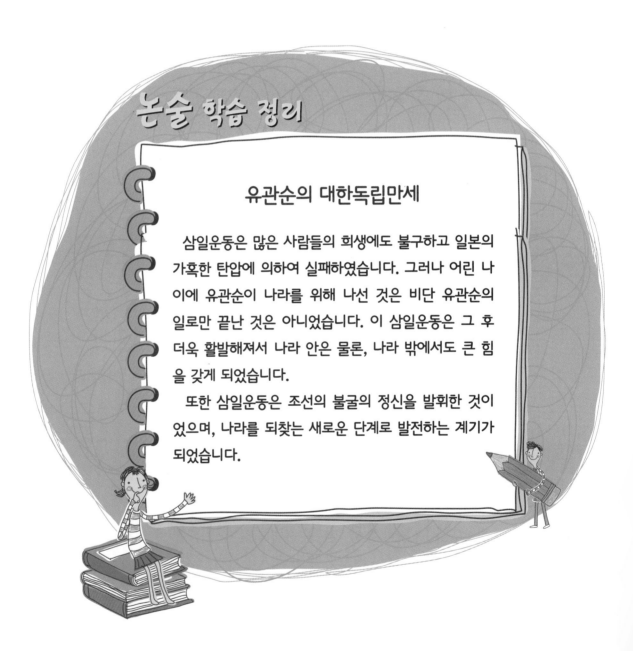

논술 학습 정리

유관순의 대한독립만세

삼일운동은 많은 사람들의 희생에도 불구하고 일본의 가혹한 탄압에 의하여 실패하였습니다. 그러나 어린 나이에 유관순이 나라를 위해 나선 것은 비단 유관순의 일로만 끝난 것은 아니었습니다. 이 삼일운동은 그 후 더욱 활발해져서 나라 안은 물론, 나라 밖에서도 큰 힘을 갖게 되었습니다.

또한 삼일운동은 조선의 불굴의 정신을 발휘한 것이었으며, 나라를 되찾는 새로운 단계로 발전하는 계기가 되었습니다.

논술 보충 학습 자료

1 유관순은 어떤 시대에 살았나?

1904년(광무 8)~1920년으로, 조선이 일본과 강제적인 '을사보호조약'을 맺어 실질적인 지배권을 빼앗기고, 일본이 조선을 장악했던 시대.

2 유관순이 독립운동을 결심하게 된 동기는?

1919년 1월 22일, 이화학당 기숙사에 있던 유관순은 조선의 고종황제가 승하했다는 소식을 들었다. 유관순은 일본이 나라를 지배하고 임금마저 의문의 죽음을 당하자, 나라를 구하기 위한 주권 독립투쟁을 결심하게 되었다.

3 독립운동을 하기 위한 준비로는 어떤 것이 있었나?

평소에 가깝게 지내던 김희자·국현숙·유점선·김분옥·서명학 등 6명이 모여 결사대를 만들고, 태극기를 만들어 사람들에게 나눠 주고, 기숙사 뒷담을 넘어다니며 만세를 불렀다. 그리고 고향 아오내 장터에서 대대적인 삼일독립운동을 거행하였다.

4 삼일운동에 대해서 설명해 보자.

1918년 세계 제1차 대전이 끝난 후, 민족 자결주의에 입각하여 일제로부터의 해방을 위해 민족의 독립을 외친 일이다. 손병희 등 33인이 주동이 되어 1919년 3월 1일 독립 선언문을 낭독하고 민족의 자주 독립을 선언했다.

'민족 자결주의' 란, 한 민족이 자신의 정치 조직이나 민족의 운명을 스스로 선택하고 결정하는 일을 말한다. 즉, 우리 나라 한민족 스스로 나라의 일을 결정하겠다는 당연한 주장이고, 권리인 것이다.

일제를 향해 폭탄을 던진 독립투사

윤 봉 길

윤봉길이 누구예요?

❀ 이름 : 윤봉길 (尹奉吉)

❀ 특징 : 독립운동가 · 의사(義士).

❀ 출생과 사망 : 1908 (융희 2) ~ 1932

❀ 본관 : 파평 (坡平)

❀ 본명 : 우의(禹儀)

❀ 호 : 매헌(梅軒)

❀ 출신 : 충청남도 예산 출신. 아버지는 윤 황(璜)이며, 어머니는 경주 김씨로 원상이다. 1918년 덕산보통학교에 입학하였으나 이듬해에 삼일운동이 일어나자 이에 자극받아 식민지 노예교육에서 벗어나고자 학교를 자퇴하였다.

윤봉길 의사는 이런 사람이야!

윤봉길의 나이 열 살, 나라에는 일본의 지배에서 벗어나고 우리 나라의 독립을 바라는 많은 백성들이 태극기를 들고 모두 거리로 나왔습니다. 대한 독립 만세를 외치고 나라의 독립을 선언했던 삼일운동이 일어난 것입니다.

당시 덕산보통학교 2학년이었던 윤봉길에게 있어서 그 삼일운동은 매우 큰 감동을 주었습니다.

"우리 나라 백성들이 일본의 지배에서 벗어나기 위해 저렇게 독립을 외치는데, 나는 지금 일본인 선생 밑에서 일본말을 배우고 있다니. 있을 수 없는 일이야!"

그는 어린 나이였지만, 일본에 의해 노예교육을 받고 있다는 것을 깨닫고 학교를 자퇴하였습니다.

그리고 최병대를 선생님으로 모시고, 동생 성의와 함께 한학을 공부하기 시작하여, 1921년 사서삼경 등 중국 고전을 두루 익혔습니다.

그러는 동안 그의 마음 속에는 일본을 우리 나라에서 쫓고, 그들에게 지배되지 않기 위해서는 우리 나라 백성들을 깨우치는 것이 제일이라고 생각하였습니다.

1926년 18살이 된 윤봉길은 농민계몽, 농촌부흥운동, 독서회운동 등으로 농촌 살리기에 앞장섰습니다.

다음해에는 이를 더욱 이론적으로 뒷받침하기 위하여 〈농민독본〉을

저술하고, 야학회를 조직하여 시골의 불우한 청소년을 가르쳤습니다.

 윤봉길은 1929년 '부흥원'을 설립하여 농촌살리기운동을 본격적으로 벌였으며, 그해 2월 18일 부흥원에서 학예회를 열어 촌극 〈토끼와 여우〉를 공연하여 대성황리에 마치게 되었습니다. 〈토끼와 여우〉는 우리 나라와 일본을 토끼와 여우로 비유한 것이어서 그때부터 윤봉길은 일제의 눈총을 받기 시작했습니다.

 그러나 그는 거기에 구애받지 않고 지방 농민들을 모아 농촌진흥을 위한 '월진회'를 조직, 회장에 추대되었습니다.

 한편, '수암체육회'를 조직하여 '건강한 신체 위에 독립정신'을 강조하였습니다. 그것은 독립을 하기 위해 무엇보다 우리 민족의 건강이 중요하다는 것을 가르쳐 주는 것이었습니다.

 1930년 윤봉길은, "장부가 집을 나가 살아서 돌아오지 않겠다."라는 신념이 가득찬 편지를 남긴 채 3월 6일 만주로 망명하였습니다. 그곳에서 1931년 여름까지 현지를 살펴보면서 독립운동의 근거지를 찾아다니며, 세탁소의 직원으로 일하면서 모은 돈을 고향에 보내주기도 했습니다.

1931년 8월, 나라의 독립을 위해 보다 큰일을 하고 싶었던 윤봉길은 대한민국임시정부가 있는 상해로 거처를 옮겼습니다. 그러던 중 독립 운동가로 이름난 김구를 만난 것입니다.

"선생님, 만나서 정말 영광입니다. 저는 우리 나라 독립을 위해서는 무엇이든 할 각오가 되어 있습니다."

김구와 윤봉길은 굳게 손을 잡았습니다.

1932년 상해는 어수선한 상황이었습니다. 중국에서 일본인 승려가 살해되는 사건이 일어났는데, 그 일을 계기로 일본이 상해로 쳐들어와 전쟁을 벌이게 된 것입니다.

결국 일본은 중국과의 전쟁에서 승리하였습니다.

그러자 일본은 4월 29일 일본왕의 생일과 중국과의 전쟁이 승리로 끝난 것을 축하하기 위하여 '홍커우 공원'에서 성대한 기념회를 준비하고 있었습니다.

그런 정보를 미리 알아낸 윤봉길은 4월 26일 한인애국단에 입단하였습니다. 그리고 김구와 함께 의논하여 4월 29일 상해 홍커우 공원에서 열리는 기념식에 폭탄을 던질 것을 결정하였습니다.

1932년 4월 29일 아침, 윤봉길은 김구와 함께 아침식사를 했습니다.
그 때 윤봉길은,

"선생님, 선생님 시계보다는 이게 조금 더 좋으니 바꿔 차시지요. 어
차피 전 시계가 필요없을 테니까요."

하면서 자신의 회중시계를 내놓았습니다.

"오늘 자네의 의로운 행동은 우리 나라 독립의 밑거름이 될 걸세."

그날 윤봉길은 말끔한 양복을 차려입고, 폭탄이 숨겨져 있는 도시락을 들고 기념식장에 들어갔습니다.

식장은 일본 고위급 인사들이 많이 모여 축제 분위기였습니다. 단상 가까이에 간 윤봉길은 김구와 바꾼 시계를 들여다 보았습니다.

오전 11시 35분이었습니다.

"그래, 지금이야!"

윤봉길은 일본의 침략자들이 몰려있는 단상을 향해 있는 힘껏 폭탄을 던졌습니다.

'쾅쾅~!'

순간 홍커우 공원은 아수라장이 되면서, 일본의 최고 사령관 몇이 죽고, 또 수십여 명이 중상에 빠졌습니다.

윤봉길은 몸을 피하지도 않고 그 자리에서 '대한 독립 만세'를 큰 소리로 외치다가 일본 경찰에 체포되었습니다.

그리고 일본 군법회의에서 사형을 선고받아 오사카 위수형무소에 수감되었고, 12월 19일 총살형으로 세상을 떠났습니다.

당시 윤봉길 의사의 의로운 행동은, 우리 나라 독립에 대한 의지와 용기를 잘 보여준 것이었습니다.

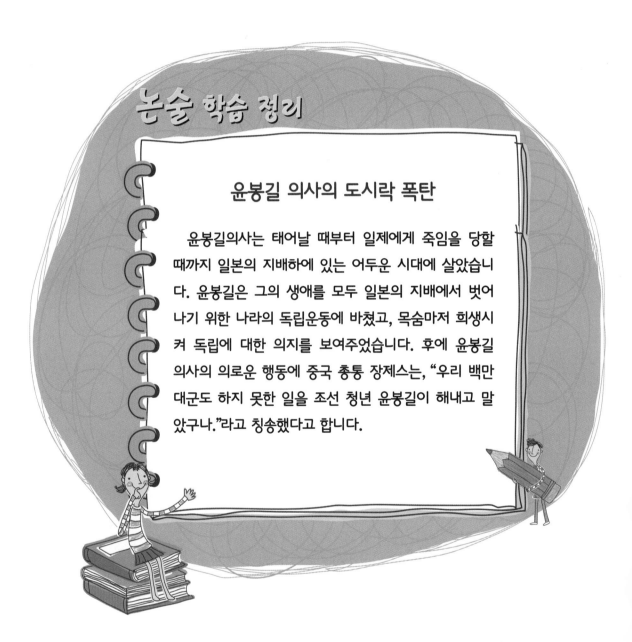

논술 학습 정리

윤봉길 의사의 도시락 폭탄

윤봉길의사는 태어날 때부터 일제에게 죽임을 당할 때까지 일본의 지배하에 있는 어두운 시대에 살았습니다. 윤봉길은 그의 생애를 모두 일본의 지배에서 벗어나기 위한 나라의 독립운동에 바쳤고, 목숨마저 희생시켜 독립에 대한 의지를 보여주었습니다. 후에 윤봉길 의사의 의로운 행동에 중국 총통 장제스는, "우리 백만 대군도 하지 못한 일을 조선 청년 윤봉길이 해내고 말았구나."라고 칭송했다고 합니다.

1 윤봉길 의사가 보통학교를 그만 둔 까닭은?

삼일운동을 보면서, 우리 나라 백성들이 일본의 지배에서 벗어나기 위해 독립을 외치는데, 윤봉길은 일본인 선생 밑에서 교육을 받는 것이 싫어서.

2 농촌에서 사람들을 가르친 이유는?

일본에게 지배되지 않기 위해서 우리 나라 백성들을 가르쳐 스스로 깨우치게 하려는 생각이었다.

3 본격적으로 농민을 가르치던 활동은?

1926년부터 농민계몽, 농촌부흥운동, 독서회운동을 펼치고, 〈농민독본〉을 저술하고, 야학회를 조직하여 시골의 불우한 청소년을 가르쳤다. 1929년에는 '부흥원'을 설립하여 농촌 살리기운동을 본격적으로 벌였다.

4 윤봉길이 만주로 망명한 까닭은?

당시 우리 나라는 일본의 지배에 있었기 때문에 자유롭게 독립운동을 할 수가 없었다. 그래서 본격적인 독립운동을 벌이기 위해 망명을 갔고, 거기서 대한민국 임시 정부가 있는 상해를 거처로 삼게 되었다.

5 홍커우 사건은 언제 일어났고, 그날은 무슨 날이었나?

1932년 4월 29일로, 일본왕의 생일과 중국과의 전쟁이 승리로 끝난 것을 축하하기 위하여 일본 최고 사령관들이 모여 '홍커우 공원'에서 기념회를 갖는 날이었다.

6 어떻게 해서 윤봉길 의사는 무사히 폭탄을 던질 수 있었을까?

도시락 속에 폭탄을 숨겨 알아보지 못하게 하였고, 일본식 양복 옷차림으로 단상까지 갈 수 있었다.

살수대첩의 고구려 명장

을지문덕

을지문덕이 누구예요?

❈ 이름 : 을지문덕 (乙支文德)

❈ 특징 : 고구려 영양왕 때의 대신, 명장

❈ 출생과 사망 : 알 수 없음.

❈ 과정 : 을지문덕 장군은 출생과 사망, 가족 등 개인 신상에 대하여 자료가
　　　　별로 없다. 하지만 세계 어느 전투에서도 그 유래를 찾아볼 수 없는
　　　　통쾌한 대승리를 거둔 살수대첩의 주인공이 바로 을지문덕이다.

을지문덕은 이런 사람이야!

　을지문덕이 장군으로 활약할 때 고구려의 상황은 전쟁이 많고 매우 어수선하였습니다.

　고구려 남쪽에서는 한창 세력을 키우던 신라가 쳐들어와 죽령 이북의 한강 유역 10고을을 빼앗아 갔고, 백제 또한 세력을 떨치며 호시탐탐 고구려를 칠 기회만 엿보고 있었습니다.

　또한 중국에서는 대륙을 통일한 수나라가 천하를 통일하겠다며 고구려를 넘보고 있는 상태였습니다.

　598년(영양왕 9) 고구려 26대 임금 영양왕은 말갈의 기병 1만여 명을 이끌고 수나라의 유성을 포위하는 한편, 거란인들을 설득하여 산동 지방까지 공격하여 대승리를 거두었습니다.

　그 후 수나라는 나라를 건국한 아버지와 형제들을 죽이고 새롭게 왕으로 등극한 양제가 나타났습니다.

수나라 양제는 등극하자마자 전쟁 준비를 갖추더니, 마침내 612년(영양왕 23) 양제의 총 지휘 아래 대규모의 군단을 편성하여 고구려를 침공하였습니다.

수나라는 고구려의 주요 군사거점인 요동성을 공격하면서, 다른 한편으로는 우중문·우문술 등을 지휘부로 한 30만 5천 명의 별동대를 구성하여 해군과 더불어 고구려의 도읍인 평양성을 공격하고자 하였습니다.

당시 고구려의 장군으로 있던 을지문덕은, 별동대가 압록강 서쪽에 집결하였을 때 기발한 작전을 폈습니다.

그는 수나라에게 거짓으로 항복을 청하여 적진으로 들어가, 군량이 부족한 수나라군의 약점을 파악하고 돌아왔습니다. 그리고 수나라군의 군사력을 약화시키기 위한 작전으로, 수나라군과 충돌 때마다 후퇴하는 척하면서 평양성부근까지 유인하여 수나라군의 힘을 지치게 만들었습니다.

더이상 싸울 힘을 잃고 후퇴하는 수나라군 대장 우중문에게, 을지문덕은 재미있는 서신을 하나 보냈습니다.

그대의 신통한 꾀는 뭐라 말할까
천문 지리에 통달했도다
싸움마다 이겨서 공이 이미 높았으니
거기서 만족하고 그만 싸움에서 물러나거라.

이것은 을지문덕의 거짓 항복 작전과 거기에 속아넘어간 수나라를 빗대어 조롱하는 내용이었습니다.

이미 수나라군은 살수(지금의 청천강)를 건너 후퇴를 시도하고 있었습니다.

이때 을지문덕은 수나라군의 움직임을 예측하고 뒤에서 공격하여 대대적인 승리를 거두었습니다. 30만이었던 수나라군은 겨우 2천 7백 명만 간신히 살아서 도망갈 정도였으니까요.

이것이 그 유명한 '살수대첩'으로 을지문덕의 지혜와 뛰어난 지략을 펼친 승전입니다.

고구려와 을지문덕

　살수대첩에서 패한 수나라의 임금 양제는 그 후 세 번이나 더 고구려를 공격하였지만 번번히 을지문덕에게 패하고 말았습니다. 침착하며 지혜와 문장이 뛰어난 고구려의 위대한 영웅 을지문덕은 살수대첩에서 큰 승리를 거두었지만 안타깝게도 그뒤 어떻게 되었는지 알 수가 없습니다.

　그러나 그 뛰어난 지략으로 이룬 살수대첩은 우리 역사와 민족의 표상이 되어 영원히 빛날 것입니다.

1 을지문덕이 활약했던 시대와 당시 나라의 상황은?

당시 나라의 상황은 고구려 남쪽에서 세력을 키우던 신라가 쳐들어와 죽령 이북의 한강 유역 10고을을 빼앗아 갔고, 백제 또한 고구려를 칠 기회만 엿보고 있었다. 또한 중국 수나라가 고구려를 넘보고 있는 상태였다.

2 살수대첩이란 어떤 것인지 정리해보자.

612년(영양왕 23) 수나라 임금 양제가 30만 대군을 이끌고 고구려를 공격하였다. 이 때 을지문덕은 거짓으로 항복을 하는 작전을 펴서 수나라군의 상태를 파악한 다음, 이리저리 유인하고 전투를 벌여 수나라군을 지치게 하였다. 결국 지친 수나라군은 후퇴를 하고, 을지문덕은 그들이 지나가는 길목인 살수에서 진을 치고 있다가 후퇴하는 수나라군을 완전히 격파하였다.

3 을지문덕이 수나라 우중문에게 보낸 서신의 내용은?

"그대의 신통한 꾀는 뭐라 말할까
천문 지리에 통달했도다
싸움마다 이겨서 공이 이미 높았으니
거기서 만족하고 그만 싸움에서 물러나거라."

위의 서신 내용은 수나라가 전투에서 승리하는 것을 칭찬하는 것처럼 보이지만, 사실 수나라가 을지문덕의 작전에 휘말렸다는 것을 알리면서, 거기에 당한 수나라를 조롱하는 뜻을 담고 있다.

임진왜란에서 나라를 지킨 명장

이 순 신

이순신이 누구예요?

❀ 이름 : 이순신(李舜臣)

❀ 특징 : 조선의 명장

❀ 출생과 사망 : 1545 (인종 1)~1598 (선조 31)

❀ 자 : 여해(汝諧)

❀ 호 : 충무(忠武)

❀ 본관 : 덕수(德水)

❀ 과정 : 영중추부사 변의 후손으로 서울 건천동에서 출생하였다. 어려서부터 용맹하였고 무예가 출중하였다. 1576년(선조 9)에 무과에 급제하여 처음 관직에 나섰으며, 1586년(선조 19)에 조산만호 겸 녹도 둔전사의가 되었다. 노량해전에서 전사한 후, 고향에 충신문을 세우고 정조 때에는 임금이 친히 지은 비문을 하사하기도 하였다.

이순신 장군은 이런 사람이야!

임진왜란하면, 이순신 장군을 말하지 않을 수 없습니다. 이순신 장군은 당시 삼도수군절도사로 있었습니다.

32세 때부터 무관에 봉직하였던 이순신이 수군에 몸을 두기는 47세가 되던 1591년, 전라도 수군절도사로 임명되면서부터 였습니다.

오랫동안 낮은 벼슬에 머물러 있던 이순신 장군은, 무관으로서 군사 자질이 뛰어났습니다. 그렇지만 신분이 미천하다 보니 좀처럼 벼슬의 급을 높일 수가 없었습니다.

그러던 중 어릴 적부터 한 고향에서 친근히 지낸 유성룡의 추천으로, 임진왜란 때 수군 장령으로 임명된 것입니다. 나라의 남대문을 지키는 중책을 짊어진 이순신은 나라 일에 온 힘을 다하였습니다.

어느 날 해가 서산으로 떨어지고 별들이 자리를 잡을 때였습니다. 바닷가를 순찰하던 군관 송희립은 목선 위에 앉아 있는 이순신 장군을 발견하고 다가갔습니다.

한산섬 달밝은 밤에 수루에 홀로 앉아

큰 칼 옆에 차고 깊은 시름에 잠겼는데

어디서 일성호가 부르는 소리 나의 애를 끊이느뇨.

송희랍은 홀로 발길을 돌리려다가, 애국의 격정에 넘치는 이순신 장군의 싯구를 들었습니다.

이순신 장군은 길게 한숨을 내쉬며 조용히 말했습니다.

"지금 궁궐에서는 당파 싸움에 혈안이 되어 있소. 그러나 한편에선 왜적들이 호시탐탐 기회를 노리고 있으니…, 수군도 보충해야 하고 군량과 병선도 족히 장만해야 할 터인데, 이 모든 걸 다 우리 손으로 어떻게 해야 할지 걱정이오."

그러면서 이순신은 모래 위에 거북이와 같은 모양의 배를 그려가면서, 자기가 생각하고 있는 전함 설계에 대해 신명나게 설명했습니다.

송희랍은 이순신의 구상에 대하여 감탄을 금치 못하고, 얼른 손을 써서 만들자며 서둘렀습니다.

다음 날 이순신은 여러 장군들을 모아놓고 의논한 다음, 거북선을 만드는 일에 착수하였습니다.

그리고 얼마 후, 이순신 장군이 창안한 거북선이 세상에 태어났습니다.

거북이 같이 생긴 배 앞에는 철갑을 씌워 화살이 꿰뚫지 못하게 하고, 뱃전에는 고슴도치 몸의 가시처럼 뾰족한 송곳이 총총하게 박혀 있어, 적들이 뱃전으로 붙지 못하게 했습니다.

또한 배 위에는 화포 십여 개를 걸고, 거북의 입에서는 검은 연기를 뿜게 하였습니다.

이렇게 거북선은 자기를 위장하면서 동시에, 적들이 방향을 찾지 못하도록 만들어졌습니다.

별들이 총총한 깊은 밤, 삼경을 알리는 종소리가 들린 지 얼마 지나지 않아서였습니다.

한 군사가 숨이 턱에 닿아 군영에 달려와 급보를 전하였습니다.

"남해에, 남해에 적선이 보입니다!"

멀리 남쪽 바다에는, 이미 바다를 다 덮다시피 하여 그 수를 헤아릴 수 없을 만큼 많은 적선들이 밀려오고 있었습니다.

이순신은 경상도 우수 원균과 옥포만호 이운용에게 통지를 보내고, 함께 협공할 것을 약속했습니다.

징소리와 북소리에 천지가 뒤흔들리고 잠자던 남해는 삽시간에 끓는 도가니로 변했습니다.

이순신이 거느리는 거북선과 원균과 이억기의 병선이 좌우로 적선을 협공하면서, 화살과 철환을 우박치듯 퍼부었습니다.

　이순신은 사기충천한 군사들을 지휘하여 적선을 여지없이 물리쳤습니다. 적선은 하나하나 불바다에 휩싸여 침몰되었고, 적장 마다시도 화포에 명중되었습니다.

　적장이 쓰러지자, 나머지 적선은 대혼란에 빠져 갈팡질팡 하다가 뿔뿔이 도망치고 말았습니다.

　왜적과의 첫 싸움은 대승리였습니다.

이렇게 이순신은 제1차 옥포·진포에서의 전투를 시작으로, 제2차 사천·당포·율포, 제3차 한산도·안골포, 그리고 제 4차 부산포까지 왜적을 모조리 대파시켰습니다.

특히 한산도와 부산포의 전투는 가장 유명한 것으로, 이순신은 완전히 바다의 제해권을 장악하게 된 것입니다. 조정에서도 그의 탁월한 전술과 지도력을 인정하여, '수군통제사'에 임명하였습니다.

여러 곳에서 승전한 이순신 장군은 미리 닥쳐올 더 큰 싸움을 예견하고, 작전의 편리를 위해 본 작전 기지를 여수항에서 한산도 두을포로 이동하였습니다.

그리고 얼마 안 되어서 일입니다.

이순신의 공을 시기하던 원균은, 이순신 장군에게 없는 죄를 덮어 씌워, 임금에게 상소문을 보냈습니다.

"이순신은 처음부터 해상왕을 꿈꾸어 왔나이다. 첫번째 협공에서 왕실의 명을 거역하다가 마지못해 싸움에 나가, 우리 수군에게 막대한 손실을 입혔사옵니다."

원균의 상소문은 일본의 이간책과 조정의 간신들에 의해 통과 되었습니다.

마침내 선조 30년 2월, 이순신은 삼도수군통제사 직무에서 해임되어 한양으로 압송되는가 하면, 모진 고문 끝에 사형이라는 형벌까지 받게 되었습니다. 한순간에 이순신이 나라의 역적으로 몰리게 된 것입니다.

이순신 장군이 한산도를 떠나자, 원균은 자기의 소원대로 삼도수군통제사의 벼슬자리를 차지하였습니다. 그는 이순신이 신임하던 예전의 장군들을 모조리 파직시킨 다음, 자기의 심복들을 그 자리에 앉혔습니다.

한편 이순신이 한산도를 떠났다는 소식을 들은 왜적들은, 때를 놓칠새라 철저한 준비를 하고 조선을 다시 침략할 준비를 하였습니다.

마침내 선조 30년(1597: 정유년), 왜장 기토 기요마사는 육군과 수군

14만 명을 동원하여 부산을 향해 벌떼처럼 달려들었습니다. 정유재란이 일어난 것입니다.

이때 원균은 병선 500척을 거느리고 부산 절영도로 싸우러 나갔다가, 왜적에게 크게 패하자 자기 혼자 칠천도로 도망가 버렸습니다.

원균이 대패하고 왜적이 벌써 전라도 · 충청도에 발을 붙였다는 소식이 전해지자, 조정에서는 크게 놀라며 어찌할 바를 모르게 되었습니다. 이 때 병조판서로 있던 이항복이 조정에 청을 했습니다.

"수군 통솔에는 이순신을 당할 자 없사오니, 그를 석방하여 다시 삼도통제사로 보냄이 지당한 줄 아뢰오."

임금은 위급한 국면을 만회하기 위해, 이항복 병조판서의 요청에 따라 즉시 명을 내렸습니다.

이순신은 마침내 억울한 옥중 생활을 마치고, 조정의 명을 받아 다시 싸움터로 되돌아갔습니다. 이순신이 전라도 화령포에 이르러 보니 수군은 산산이 흩어지고, 빈 배 12척 만 바닷가에 쓸쓸히 남아 있었습니다.

곧 왜적들이 명량해협으로 들이닥쳤습니다.

이순신 장군은 군사들을 모아놓고 우렁찬 목소리로 말했습니다.

"옛날 병법에 이르기를, 죽기를 각오하고 싸우면 살고, 살려고 발버

둥치면 죽는다고 하였소. 한 사람이 길목을 지켜도 천명을 대적할 수 있는 법, 이는 곧 오늘 우리의 처지를 두고 하는 말이오. 비록 병선이 열두 척 뿐이라도, 목숨 걸고 싸운다면 어찌 막지 못하겠소?"

그는 주먹을 불끈 치켜들며 맹세를 다지고, 거북선을 몰고 적선을 맞받아 힘차게 돌진하였습니다.

이 싸움이 그 유명한 '명량대첩'으로, 이순신은 12척의 병선으로 수많은 왜적들을 대파시키고, 바다의 제해권을 다시 찾게 된 전투입니다.

명량대첩이 조선의 대승리로 끝나자, 임진왜란을 일으킨 장본인 토요토미 히데요시는, 왜병들을 철수하라는 유언을 남기고 1597년(선조 30)에 죽게 되었습니다.

이제 이순신에게는 마지막 결전을 내릴 때가 된 것입니다.

그는 군사를 이끌고, 왜적들이 철수하는 노량해협에서 적을 맞이하였습니다. 그렇다고 이순신에게 많은 군사와 병선이 있는 것도 아니었습니다.

막바지에 이른 왜적은, 이순신의 수중에 병선이 얼마 안된다는 것을 알고, 수십 척이 한 편대로 이루어 거북선을 포위하는 전술로 바꾸어 포위망을 좁히고 있었습니다.

이런 상황에 이순신이 지휘하는 거북선은, 적선 편대 속을 유유히 드나들며 총포와 화살을 퍼붓고 먼저 왜적의 지휘선을 침몰시켰습니다. 오합지졸로 남은 왜적들은 비명을 지르며 갈팡질팡 하다가 불에 타고 물에 처박혔습니다.

이 때였습니다.

아군 안위가 이끄는 병선이 그만 적의 포위에 들었고, 왜적들이 개미 떼처럼 배 위로 기어 오르려 하고 있었습니다.

이 위험한 찰나에 이순신은 오히려 거북선을 돌려 급히 그 쪽으로 질주했습니다. 거북선은 시커멓게 검은 연기를 뿜어, 적들이 연막 속에서 방향을 잡지 못하게 한 후, 총포로 집중 사격을 가하였습니다. 배 위에 있던 왜적들은 비명을 지르며 첨벙첨벙 물 속으로 떨어졌습니다.

이순신이 거북선을 지휘하여 한창 생사를 가르며 싸움을 하고 있을 때였습니다. 갑자기 왜적의 화살이 날아와 장군의 가슴에 박혔습니다.

그자리에 쓰러진 장군은 모진 고통을 참으며 곁에 섰던 맏아들과 조카를 시켜, 방패로 몸을 가리게 하고는 엄하게 말했습니다.

"지금 전투가 한창이니, 내가 죽었다는 것을 군사들에게 알리지 말라!"

이순신 장군은 눈을 감지 못한 채, 남해 상공을 물끄러미 바라보며 세상을 떠났습니다.

조카 완은 이순신 장군의 뒤를 이어, 계속 전투를 지휘하였고 200여 척의 적선과 만 여명의 적들을 깊은 바다 속에 처넣었습니다.

이순신 장군이 눈을 감았다는 비보가 전해지자, 삼천리 강산은 온통 슬픔에 잠겼습니다.

선조임금은 특사를 보내어 이순신을 조문하고, '선무일등공신' 이라는 호를 주어 '덕풍군' 으로 봉하며, 우의정 및 좌의정으로 벼슬을 높여 주었습니다.

7년 동안 끌어오던 임진왜란은, 이순신 장군이 장렬한 최후를 마친 노량해전의 대승리로 마침내 끝이 났습니다.

이때 장군은 54세, 1598년(선조 31)이었습니다.

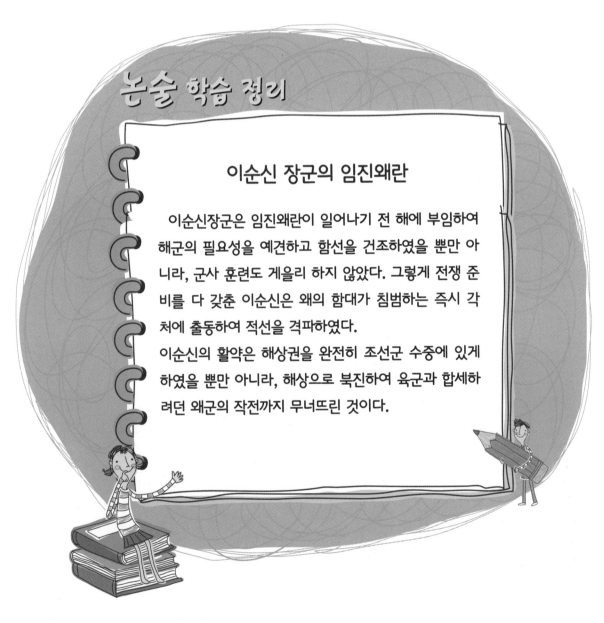

논술 학습 정리

이순신 장군의 임진왜란

이순신장군은 임진왜란이 일어나기 전 해에 부임하여 해군의 필요성을 예견하고 함선을 건조하였을 뿐만 아니라, 군사 훈련도 게을리 하지 않았다. 그렇게 전쟁 준비를 다 갖춘 이순신은 왜의 함대가 침범하는 즉시 각처에 출동하여 적선을 격파하였다.

이순신의 활약은 해상권을 완전히 조선군 수중에 있게 하였을 뿐만 아니라, 해상으로 북진하여 육군과 합세하려던 왜군의 작전까지 무너뜨린 것이다.

논술 보충 학습 자료

1 이순신 장군은 어느 시대의 사람인가?

조선 인종 때 태어나 명종과 선조 때의 무관으로, 수군에 몸을 두기는 47세가 되던 1591년, 전라도 수군절도사로 부임하면서부터였다.

2 거북선의 특징과 성능에 대해서 설명해 보자.

거북이 같이 생긴 배 앞에 철갑을 씌워 화살이 꿰뚫지 못하게 하고, 뱃전에는 뾰족한 송곳을 박아, 적들이 뱃전으로 붙지 못하게 했다. 또한 배 위에는 화포 십여 개를 걸고, 거북의 입에서는 검은 연기를 뿜게 하여 자기를 위장할 수 있고, 적들이 방향을 찾지 못하게 만들어졌다.

3 이순신장군이 지휘한 전투는 어디인가?

- 제1차 옥포 · 적진포
- 제2차 사천 · 당포 · 율포
- 제3차 한산도 · 안골포
- 제4차 부산포해전
- 제5차 명량대첩
- 제6차 노량대첩

4 이순신이 옥살이를 하게 된 이유와 풀려난 계기는?

이순신의 공을 시기하는 원균이, 일본과 함께 이간질을 하여 이순신을 압송시키고, 정작 원균은 방탕한 생활로 군사력을 소모시켰다. 1597년 정유재란으로 전선의 수군이 대패하자, 긴급한 조정에서는 병조판서 이항복의 청을 들어 이순신을 다시 수군통제사로 임명하게 됨.

5 이순신이 자신의 죽음을 알리지 말라는 까닭은?

전투가 한창인데, 지휘하는 장군이 죽었다면 군사들의 사기가 떨어져 싸우지 못할 것을 걱정하였기 때문이다.

우리나라를 대표하는 성리학자

이 황

이황이 누구예요?

⊛ 이름 : 이름 : 이 황 (李 滉)

⊛ 특징 : 조선의 대학자

⊛ 출생과 사망 : 1501 (연산군 7) ~ 1570 (선조 3)

⊛ 자 : 경 호 (景浩)　　　⊛ 호 : 퇴 계 (退溪) · 도옹 · 퇴도

⊛ 시호 : 문순 (文純)　　　⊛ 본관 : 진보 (眞寶)

⊛ 출신 : 진사 이식의 7남 1녀 중 막내아들로 경북 예안 출생. 7개월 만에 아
　　　　버지를 여의고 어머니와 숙부 이우에게 양육되었다.

⊛ 출사 : 1528년 진사에 합격하고 1533년 성균관에 들어가 문과에 급제하여
　　　　성균관 사성까지 여러 벼슬을 두루 거쳤다.

⊛ 저서 : 〈계몽전의〉 〈주자서절요〉 〈송계원명리학통록〉 〈인심도심도〉
　　　　〈성학십도〉 등

퇴계 이황은 이런 사람이야!

도산서원을 세우고 우리 나라를 대표하는 학자로 손꼽히는 이황은, 그의 사상과 학문 뿐만이 아니라 곧고 어진 성품으로도 잘 알려져 있는 사람입니다.

태어난 지 7개월 만에 아버지를 여읜 이황은 현명한 어머니와 작은아버지의 가르침을 받으며, 어려서부터 총명한 자질을 키워나갔습니다.

그는 12세에 작은아버지인 이우로부터 〈논어〉를 배우기 시작했는데, 그날 배운 것은 반드시 그날 다 익힌다는 자신과의 약속을 꼭 지켰다고 합니다.

27세가 되던 1527년, 이미 진사시에 합격한 이황은, 어머니의 소원에 따라 과거에 응시하기 위하여 서울로 올라가게 되었습니다.

하루는 점심 밥상을 차려놓으며 몸종이 즐거운 듯이 말했습니다.

"햇콩이 섞여서 아주 맛있을 것입니다."

이황은 밥에 섞인 콩을 보았습니다.

"가만있자. 쌀은 우리가 가져온 것이고, 그 밥에 들어있는 콩은 어디서 났느냐?"

"저 콩밭에서 한 움큼 따 왔습니다."

"뭐? 그럼 남의 콩을 훔친 것이 아니더냐?"

이황은 상을 밀고 밥을 한 술도 먹지 않았습니다. 그러자 몸종도 이황의 눈치를 살피며 상을 물렸다고 합니다.

남의 것에 눈을 돌리지 않는 이황의 곧은 성품을 하인도 느끼게 된 것이지요.

이황은 이미 14세 때부터 혼자 독서하기를 좋아하여, 19세에 〈성리대

전〉을 다 외울 정도였습니다.

〈성리대전〉이란, 성리학에 관한 학설을 모아 엮은 책으로, 성리학은 유교철학과 우주의 이치, 사람의 타고난 마음씨를 연구하는 학문입니다.

33세가 된 1533년에는 성균관에 들어가 공부하면서, 〈심경부주〉라는 책에 푹 빠지게 되었습니다. 〈심경부주〉는 옛 성현들의 깊은 생각을 적어 놓은 것으로, 마음의 수양을 위해 읽는 책입니다.

이황이 관직에 발을 들여놓은 것은 34세(1534년) 때로, 문과에 급제하고 승문원부정자가 되면서부터입니다. 그 후 승진을 거듭하여 39세에 홍문관 수찬이 되었으나 사가독서를 청하여 고향으로 되돌아가게 됩니다.

사가독서란 세종 때부터 생긴 제도로, 나라에서 먹을 것과 집을 제공해 주고 학자는 오직 학문에만 충실할 수 있게 해주는 좋은 제도입니다.

1545년 명종이 즉위하면서 나라에는 왕위와 세자 책봉에 관한 문제들로 당파가 갈라져 조정이 흔들릴 정도의 위기가 많았습니다. 이황은 명종 때의 어지러운 당파 싸움과 조정의 혼란에서 벗어나고 싶었습니다.

그리하여 46세(1546)가 되던 해, 고향인 낙동강 상류 '토계'에 '양진암'이라는 암자를 짓고, 산과 구름을 벗삼아 독서에 전념하는 생활에 들어갔습니다.

이때 이황은 '토계'라는 이름을 '퇴계(退溪)'라 바꾸고, 자신을 부르는 호로 삼았습니다.

그 뒤에도 60세까지 수십 번 높은 벼슬에 임명 받았으나 번번히 거절하고, 부패하고 문란한 중앙의 관직이 아닌 먼 시골의 외직을 지망하였습니다.

그가 벼슬을 하며 서울에 살고 있을 때였습니다.

당시 좌의정 권철(권율의 아버지)이 이황의 학문이 높다는 이야기를 듣고 집을 찾아왔습니다.

마침 식사 때가 되어 밥상이 차려져 나왔는데, 그 밥상은 오직 나물만 있고 너무나 초라하기 짝이 없었습니다.

권철은 검소한 생활의 이황에 감탄하며,

"내가 입맛을 잘못들인 게 참으로 부끄럽구려."

하면서 이황의 검소한 생활과 오직 학문에만 정진하는 모습을 칭송하였다고 합니다.

60세(1560)에는 고향인 도산에 '서원'을 짓고 7년 동안 서당에만 기거하면서, 오직 독서와 수양 그리고 저술에 전념하는 한편, 많은 제자들을 가르쳤습니다.

그의 대표적인 저서 〈도산십이곡〉 〈주자서절요〉 및 〈자성록〉도 그 즈음에 완성된 것이었습니다.

　이황의 높은 학문은 당대의 여러 학자들 뿐만 아니라 명종과 선조까지 그를 숭상할 정도였습니다. 명종은 계속해서 벼슬을 마다하는 이황을 그리는 마음에서, 도산이 있는 풍경을 화공에게 그려오라고 할 정도였답니다. 또 명종이 죽고 난 후 즉위한 선조는 여러 번 이황을 설득하여 마침내 68세의 노령에도 불구하고 대제학, 지경연의 중임을 맡기게 되었습니다.

　이 때 이황은 선조에게 〈무진육조소〉를 올렸습니다.

　〈무진육조소〉란, 임금이 나라를 다스리는 도리와 근본, 그리고 원칙

에 대한 6가지 덕목을 적은 것으로, 선조는 이것을 최고의 격언, 최우선 과제라고 생각하고 나라를 다스리는 동안 한순간도 잊지 않았다고 합니다.

그 후 이황은 노환 때문에 여러 차례 사직을 청원하면서, 왕에 대한 마지막 봉사로서 평생의 심혈을 기울인 〈성학십도〉를 저술하여 어린 임금인 선조에게 바쳤습니다.

69세에 고향에 돌아와 학문에 전력하다가, 이듬해인 1570년 11월 우환이 악화되어 그달 8일 아침, 단정히 앉은 자세로 세상을 떠났습니다.

이황의 죽음으로 선조는 3일간 정사를 폐하고 애도하였으며, 영의정 겸 경연·홍문관·예문관·춘추관 등의 벼슬로 올려주었습니다.

이황이 죽은 지 4년 만에, 고향사람들은 도산서당 뒤에 서원을 짓기 시작하여 이듬해 완성하였습니다. 그리고 '도산서원'이라는 이름을 하사받았습니다.

이황의 학문은 그 시대를 풍미하였을 뿐만 아니라, 한국의 역사를 통하여 퇴계학파를 형성해왔고, 일본 유학에도 결정적인 영향을 주었습니다.

그 순수한 자질과 곧은 성품, 뛰어난 학문은 성인의 경지로서, 이황의 학풍을 따른 자는 당대의 유성룡, 정구, 김성일 등을 비롯하여 260여

명에 이르렀습니다.

임진왜란 후 이황의 문집은 일본에까지 읽히게 되어, 일본 유학사상에 깊은 영향을 끼쳤습니다. 또한, 현대에도 그의 사상과 학문에 대한 높은 평가와 함께 연구가 계속되고 있답니다.

논술 학습 정리

청렴한 이황과 깊은 학문

이황은 총명한 자질과 깊은 학문을 오직 학문과 제자 양성, 그리고 나라를 다스리는 임금에 대한 충성으로 최대한 활용하였습니다. 그에게는 자신의 깊은 학문을 따르는 많은 사람들이 있었고, 임금까지 그를 숭상하여 높은 벼슬에 계속해서 임명하여 곁에 두기를 원할 정도였습니다.

그러나 그는 결코 자신의 이익이나 욕심을 채우지 않았지요. 그래서 그의 뛰어난 학문은 더 빛이 나고 후세와 외국에까지 널리 알려져 존경받고 있는 이유이기도 합니다.

논술 보충 학습 자료

1 이황이 활약했던 시대의 당시 상황은?

조선 중기로 접어드는 시기로, 중종 때 과거에 급제하고 인종과 명종, 선조를 모시는 문관이었다. 당시 시대는 조선의 당파싸움이 시작되던 때로, 연산군을 폐위하고 중종이 즉위했으며, 중종의 후계자가 인종에서 명종으로 바뀌는 과정에서 당파싸움의 극치를 이루는 때였다.

2 이황의 곧은 성품을 잘 알 수 있었던 어린 시절의 예는?

하인이 남의 밭에서 콩을 따다가 밥을 해서 올리니, 이황은 남의 것을 도둑질 한 것이라며 아예 상을 물리어 먹지 않았다.

3 이황이 어릴 때 학문에 대한 태도는?

12세부터 〈논어〉를 배우기 시작했는데, 그날 배운 것은 반드시 그날 다 익힌다는 자신과의 약속을 꼭 지켰다.

4 이황의 성리학이란 어떤 학문인가?

자연의 이치와 사람의 타고난 마음씨를 연구하는 학문으로, 사람의 본성이나 가져야 할 도리를 연구한다.

5 좌의정 권철이 이황의 집에서 느낀 것은?

이황의 집에서 밥상을 받았는데, 오직 나물만 있고 너무나 초라하였다. 그로 인해 권철은 이황의 검소한 생활과 오직 학문에만 정진하는 모습을 칭송하였다.

6 '도산서원'은 무얼하는 곳인가?

이황이 60세(1560)에 고향인 도산에 지은 서당의 일종으로, 학문을 배우고 연구하는 곳이다. 그는 7년 동안 이 서당에만 기거하면서, 오직 독서와 수양 그리고 저술에 전념하는 한편, 많은 제자들을 가르쳤다.

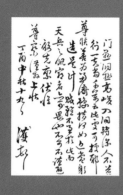

조선의 이름난 서예가

한 호

한호가 누구예요?

- ❀ 이름 : 한 호 (韓 濩)

- ❀ 특징 : 조선 중기의 서예가

- ❀ 출생과 사망 : 1543(중종 38)~1605(선조 38)

- ❀ 본관 : 삼화(三和)

- ❀ 자 : 경홍(景洪)

- ❀ 호 : 석봉(石峯) · 청사(淸沙)

- ❀ 출신 : 군수 대기(大基)의 5대손으로, 정랑 세관(世寬)의 손자이다.

- ❀ 과정 : 1567년(명종 22) 진사시에 합격하였다. 글씨로 출세하여 '사자관'으로 국가의 여러 문서와 명나라에 보내는 외교문서를 도맡아 썼고, 중국에 사절이 갈 때도 '서사관(글씨를 쓰는 사관)'으로 파견되었다. 벼슬은 흡곡현령과 가평 군수를 지냈다.

한호는 이런 사람이야!

가난한 집안에서 태어난 한호는 세 살 때 아버지를 여의고 떡 장사를 하는 어머니와 단 둘이 살았습니다.

이미 5살 때부터 할아버지한테서 천자문을 배우고 글씨를 배운 한호는 12살이 되면서, 시조 작가였던 신희남의 제자가 되었습니다. 신희남은 잘 알려진 작가는 아니었지만, 청구영언에 14수의 시조를 남기신 분입니다.

열다섯 살이 되던 1557년이었습니다. 글쓰기 경연대회에서 장원을 차지한 한호는, 고생하시는 어머니를 기쁘게 해 드리고 자랑도 하고 싶은 마음에 서둘러 집으로 달려왔습니다.

"어머니, 제가 서도 대회에서 장원이 되었어요. 드디어 제 글씨가 많은 사람들에게 인정받은 거라구요."

그러나 그의 어머니는 즐거워하시기는 커녕 엄한 음성으로 꾸짖었습니다.

"고작 글쓰기에 좀 뽑혔다고 공부를 다했다고 하느냐? 정 그렇다면 불을 끄고 이 어미 앞에서 글씨를 한번 써 보렴. 대신 어미는 떡을 썰으마."

어머니는 방 안의 불을 껐습니다. 그리고 한호는 글을 쓰고, 어머니는 떡을 썰었습니다.

한참 후, 떡을 다 써신 어머니는 불을 켜시고는 한호의 글씨와 어머니의 떡을 비교하였습니다. 한호의 글씨는 비뚤비뚤하고 고르지 못하며 줄도 제대로 맞추지 못한 것이었습니다.

"자, 보아라. 이것이 네가 쓴 글씨니라. 하지만 어미가 쓴 떡을 보아라. 보지 않고 썰어도 이렇게 고른 모양이 나오지 않느냐? 너는 여기서 자만하지 말고 더욱 열심히 공부에 정진하거라. 어미가 이렇게 떡을 썰듯이 너도 보지 않고도 쓸 수 있게 글씨를 써 보라는 것이다."

자신의 경솔함을 크게 뉘우친 한호는 그 길로 다시 한양으로 올라갔습니다. 그리고 어머니의 말씀을 되새기며 공부에 정진하여, 1567년(명종 22) 25세가 되어서 진사 시험에 급제를 하였답니다.

그가 벼슬에 오른 것은 1583년(선조 16)으로, 한호는 뛰어난 글씨를 인정받아 서사관, 즉 문서를 쓰는 일을 맡았습니다. 그 후 계속해서 왕의 곁에서 왕의 문서를 전담해서 쓰는가 하면, 명나라를 드나들며 국가의 중요한 문서를 담당하였습니다.

그의 묘비석에 의하면, "송도에서 났으며, 점보는 사람이 말하기를 '옥토끼가 동쪽에 났으니 낙양의 종이 값이 높아지리라. 이 아이는 반드시 글씨를 잘 써서 이름이 날 것이다.' 라고 하였다. 자라면서 글씨 쓰기에 힘썼고, 꿈에 왕희지에게서 글씨를 받아, 이로부터 마음 속으로 자부하고 법첩을 대할 때마다 신이 돕는 것 같아 마침내 해서(楷書) · 행서(行書) · 초서(草書)에 그 묘를 다하지 아니함이 없었다."고 되어 있습니다.

그의 서법은 조선 초기부터 유행하던 조맹부의 서체를 따르지 않고 왕희지의 서체를 따랐습니다.

또한, 가난한 출신으로 오랫동안 서사관으로 있었기 때문에 예술적인 기질을 다 발휘하지 못하고 틀에 맞추려는 노력이 앞섰다고 평가되기도 합니다.

서예가로 유명한 추사 김정희는, '워낙 많이 썼으므로 노력과 힘이 산을 무너뜨리고 바다를 뒤엎는다 하여도, 동기창(중국 명나라 대의 문인이자 서예가)에게 미치지 못하니, 이러한 경지는 알지 못하는 자들과는 더불어 말할 수 없다'고 평가하기도 하였답니다.

한호의 특유한 글씨로 인해 국가의 문서를 다루는 '사자관체'라는 글씨가 생길 만큼 그의 영향은 컸으며, 또 '사자관 제도'도 이때부터 생겨나게 될 정도였습니다.

그는 안평대군, 김구, 양사언과 함께 조선 초기의 4대 서예가이며 김정희와 함께 우리 나라를 대표하는 서예가로 널리 알려져 있습니다. 그의 작품으로는, 〈석봉 천자문〉을 비롯하여, 양주에 있는 〈김광계 비〉〈황

주 서대수 비〉, 고양에 있는 〈권율장군 대첩비〉 〈기응세 비〉 〈과천 유용
비〉, 포천 〈이판서 몽량비〉, 개성 〈서화담경덕비〉, 평양 〈기자묘비〉 등이
있습니다.

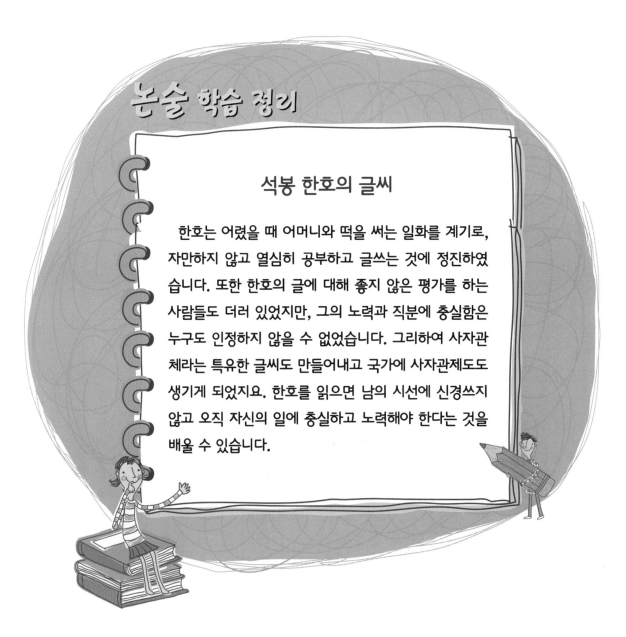

논술 학습 정리

석봉 한호의 글씨

한호는 어렸을 때 어머니와 떡을 써는 일화를 계기로,
자만하지 않고 열심히 공부하고 글쓰는 것에 정진하였
습니다. 또한 한호의 글에 대해 좋지 않은 평가를 하는
사람들도 더러 있었지만, 그의 노력과 직분에 충실함은
누구도 인정하지 않을 수 없었습니다. 그리하여 사자관
체라는 특유한 글씨도 만들어내고 국가에 사자관제도도
생기게 되었지요. 한호를 읽으면 남의 시선에 신경쓰지
않고 오직 자신의 일에 충실하고 노력해야 한다는 것을
배울 수 있습니다.

논술 보충 학습 자료

1 한호의 어머니가 떡썰기와 한호와 글쓰기를 겨루게 된 까닭은?

1557년, 15살인 한호가 글쓰기 경연에서 장원을 하고 집으로 돌아오자, 어머니는 한호의 더 큰 발전을 위해 한호를 칭찬하지 않고, 오히려 경솔하다며 나무랐다. 그 예로 촛불을 끄고 떡썰기와 한호의 글쓰기를 겨루어 한호 스스로가 자신을 뒤돌아보고, 더 공부에 정진해야 하는 것을 깨닫게 하였다.

2 한호가 벼슬에 오르던 때와 그가 하던 일은?

1567년(명종 22) 25세가 되어서 진사 시험에 급제를 하였다. 그가 벼슬에 오른 것은 1583년(선조 16)으로, 뛰어난 글씨를 인정받아 사서관, 즉 문서를 쓰는 일을 맡았다. 그 후 왕의 문서를 전담해서 쓰는가하면, 명나라를 드나들며 국가의 중요한 문서를 담당하였다.

③ 조선의 대표적인 서예가에 대해 정리해 보자.

조선 초기의 서예가로 안평대군, 김구, 양사언이 있고 우리 나라를 대표하는 서예가 김정희와 한호가 있다.

④ 한호의 글씨는 그다지 예술적으로 인정받지 못했다. 그 이유는?

귀하지 않은 가난한 출신으로, 오랫동안 사자관으로 있었기 때문에 예술적인 기질을 다 발휘하지 못하고 틀에 맞추려는 노력이 앞섰다고 평가되고 있다.

⑤ 한호의 글씨체는 어떤 것인가?

조선 초기부터 유행하던 조맹부의 서체를 따르지 않고 왕희지의 서체를 배웠다. 또 사자관으로서 한호 특유의 글씨가 많은 국가의 문서를 기록하여, '사자관체' 라는 서체가 생기고, 사자관 제도가 새로 생길 만큼 큰 영향을 주었다.

동의보감으로 백성에게 건강을 준

허 준

허준이 누구예요?

※ 이름 : 허 준 (許浚)

※ 특징 : 조선 중기의 명의

※ 출생과 사망 : 1546(명종 2)~1615(광해군 7)

※ 본관 : 양천(陽川)

※ 자 : 청원(淸源)

※ 호 : 구암(龜巖)

※ 과정 : 김포 출생으로, 할아버지 곤은 무과출신으로 경상도우수사를 지냈고, 아버지 윤도 무관으로 용천부사를 지냈다. 29세인 1574년 의과에 급제하여 의관으로 내의원에 있으면서 내의, 태의, 어의로서 명성을 높였을 뿐 아니라 《동의보감》을 편술하였다.

※ 저서 : 〈동의보감〉 25권, 《찬도방론맥결집성》 4권, 《언해구급방》《두창집요》《신찬벽온방》《벽역신방》 등

허준은 이런 분이야!

1575년 여름, 임금의 병치료에 의원을 추천하라는 왕궁의 명령이 조선 팔도의 산간벽촌에까지 하달되었습니다.

조선 14대 왕 선조는, 본래 어려서부터 허약하여 항상 얼굴에 병색이 가득하였는데, 그해 여름을 맞이하면서는 병세가 악화되기 시작하였습니다.

그리하여 나라에서는 벼슬을 정해 놓고 의과 시험을 쳐 우수한 인재를 뽑기로 한 것입니다.

곧 조선 팔도에는 의과 시험을 친다는 방이 나붙고, 백여 명의 의관들이 시험을 보려고 한양으로 모여들었습니다.

시험에 급제한 사람은 단 세 사람이었습니다.

궁중에 불려간 세 명의는 각자 자기의 고명한 의술을 유감 없이 발휘하여 임금의 병치료에 전력을 다하였습니다.

그 중에서도 허준의 의술은 특히 뛰어났습니다. 허준은 다른 명의와는 달리 조선 팔도에서 나는 약초를 이용하는 요법으로, 임금의 신병을 치료하였습니다.

그 결과, 효과가 뚜렷하게 나타나 나중에는 건강까지 되찾게 되었습니다.

병석에서 일어난 임금은 허준을 불러 높이 치하하고, 벼슬을 주었을 뿐 아니라 궁궐에 남아 왕궁 명의로 남게 하였습니다.

허준은 공손히 절을 올리고 아뢰었습니다.

"상감마마의 과분한 치하에 감사하오나, 소인은 양천 허가로서, 의서를 좀 보긴 했지만 서자로 태어난 미천한 신분임을 아뢰옵니다. 그런 제가 궁궐에서 마마를 모신다는 것은 과분하다고 사려되옵니다."

선조는 차분하게 다시 말을 이었습니다.

"나라에 유익하다면 그런 것이 무슨 상관이란 말이오. 부디 그대의 의술을 잘 펼쳐주시오."

이 때부터 허준은 30년을 하루와 같이 임금님을 보살피는 내의원으로 있었습니다.

1596년, 초봄을 지나는 어느 날이었습니다.

선조는 허준·장작·양례수 등 6명의 의원을 불러 놓고 의서를 저술하라고 명하였습니다.

"지금 나라는 전란이 심하고, 백성들은 기아와 질병에 고생하고 있도다. 우리에게 외국의 의서와 옛날부터 전하는 약방들이 있지만, 모두 분산되고 효력이 적으니, 번잡하기만 하고 기준할 것이 못되오. 그러니, 의원들은 표준이 될 만한 의서를 저술하여 나라에 공헌할 지어다."

시의장 양례수는 임금의 명을 받아들였습니다.

"상감마마의 말씀은 나라의 국정에 알맞는 지당한 말씀이옵이다. 지금까지의 의서는 산간벽촌에까지 이용될 수 없는 것이어서 궁한 서민들은 약초를 산에 두고도 질병에 목숨을 잃으니, 만백성에게 모두 쓰일 수 있는 의서를 저술하여 바치겠나이다."

하지만, 김응택의 의견은 달랐습니다.

"의서를 저술함은 마땅한 일이나, 전란이 지난 다음에 시작해도 늦지 않으리라 사려되나이다."

그러나 선조 임금은 마음을 굳혔습니다.

"전란은 이미 이순신과 각지의 의병들 힘으로 완화되기 시작했으나, 기아와 질병은 점점 더 확산되고 있으니, 의서 저술을 늦출 수는 없다. 어서들 힘을 합하여 시작할 지어다."

그 후 일 년이 지났습니다.

임진왜란의 재난은 나라 한복판까지 쳐들어오고, 급기야 임금님마저 의주로 피신하게 되었습니다.

그러자 시의장 양례수를 비롯하여, 김응택 · 이명원 · 정례남 등은 의서 저술을 뒤로 미루었습니다.

결국, 허준 혼자만 남아 궁중의 병을 치료해 줄 뿐 아니라, 백성들에게 유행되는 질병 치료에 바삐 돌아 다녔습니다.

또한 그 와중에서도 의서 저술을 하루도 중단하지 않고, 기타 많은 의서도 저술해 내었습니다.

그가 저술한 〈언해구급방〉은, 백성들이 돈 한 푼 들이지 않고 쉽게 구할 수 있는 약초로 병을 치료할 수 있는 처방들을 모아 묶은 것으로서, 백성들에게 대단히 좋은 반응을 얻었습니다.

1604년 6월, 임금님은 허준에게 양평군을 봉하고, 계속해서 의서를 저술할 것을 명하였습니다.

허준은 오로지 의서 저술을 위해 고향으로 내려갔습니다. 하지만 이 일은 허준에게 불리하게 돌아갔습니다.

1608년 2월, 임금님인 선조가 갑자기 발작한 병으로 약 한 첩 써 볼 새도 없이 승하한 것입니다.

그러자 허준의 공을 시기하는 반대파들은 기회를 놓칠 새라 허준을 모함하고 나섰습니다.

"상감마마의 승하는 전적으로 허준의 책임이오. 동의요, 예방이요 하면서 온갖 잡스런 약을 함부로 쓴 탓이 아니고 뭐겠소."

끌려 온 허준은 억울한 사실의 진상을 밝혔습니다.

"국왕의 시종의원으로 있는 내가 임금님의 승하에 전혀 책임이 없는 것은 아니지만, 약 한 첩 쓸 새도 없이 승하하셨으니, 약을 잘못 쓴 탓이 아님은 명백한 일이오. 또한 동의요, 예방이요 함은 상감마마의 분부셨습니다. 그대들도 찬성한 바 있는 것을 어찌 나 혼자만의 죄가 된 단 말이오?"

하지만 그 해 3월, 허준은 끝내 임금의 승하에 대한 책임을 지고 전라
남도 해남땅으로 귀양을 가게 되었습니다.

자유를 잃은 허준은, 귀양살이를 하는 동안 누명의 괴로움을 이겨가
며 의서 저술에 정진하였습니다.

허준이 다시 내의원으로 돌아온 건, 선조의 아들이며 조선의 16대 임
금인 광해군 2년, 1610년이었습니다.

"허준은, 내가 어렸을 때 병을 치료해 준 은인이오. 더구나 부왕의 승
하에도 아무런 책임이 없소, 나는 허준의 죄를 면하고 다시 내의원으로
모실 것이오. 지금 곧 시행하시오!"

허준이 귀양살이를 마치고, 시종의원으로 돌아올 즈음에는 그의 의서
저술이 마무리 단계에 이르고 있었습니다.

그 해 8월 6일, 15년 간의 갖은 고난과 역경 속에서 이룩한 〈동의보감〉
25권을 광해군께 바쳤습니다.

"부왕의 생전에 완성하지 못하고 이제야 끝내니, 송구하기 이를 데
없사옵니다."

광해군은 허준을 격려하였습니다.

"그대는 일찍이 부왕 때부터 의서 편찬을 시작하여, 귀양을 가있는

동안에도 저술을 중단하지 않고 이런 완성을 보았으니, 그 공적 또한 자못 크오. 이 〈동의보감〉은 내의원 사무국에 설치하여, 의술에 기본이 되게 하며 온 나라 백성이 보게 하리오!"

그로부터 3년이 지난 1613년 11월에 〈동의보감〉은 온 나라 안에 선보였습니다.

그날, 광해군은 여러 신하들을 모아 놓고, 허준의 공적을 치하하였습니다.

"허준은 나라의 보배이며, 의서 〈동의보감〉은 백성들의 생명이로다. 허준에게는 내가 알고 있는 한 가지 소원이 있는데, 그것은 그가 서자로 태어난 설움에서 벗어나는 것이었소. 짐은 나라에 큰 공을 세운 그의 소원을 들어, 특별히 양천 허씨에 대해서 만큼은 영원히 적서의 차별을 두지 않기로 하리다. 이것은 국명으로 삼아 나라에 널리 알리리라!"

이로부터 조선에서는 몇 백년을 내려오면서 양천 허씨만은 적자와 서자의 차별이 없었다고 합니다.

〈동의보감〉 서문에 의하면,

'이 책은 25권으로 구성되었는데, 각 약재에는 지방명칭과 산지, 그리고 채집하는 시기와 약을 짓는 방법을 써 놓았으므로, 쉽게 얻어 쓰게 될 것이다.'

라고 밝혔습니다.

〈동의보감〉은 당시 조선 의학의 집대성으로서, 비단 조선의 국보였을 뿐만이 아니라 널리 중국, 일본에까지 전해져 여러 차례 간행되었습니다.

허준은 〈동의보감〉이 나온 지 5년 만인 1615년 8월 13일, 마을에 퍼진 역병을 고치다가 그만 자신도 그 역병에 전염되어 70세의 일기로 고요히 잠들었답니다.

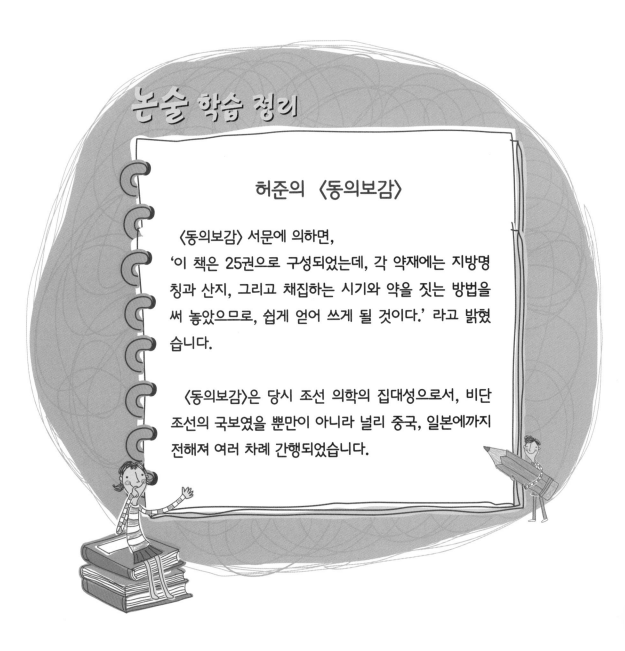

논술 학습 정리

허준의 〈동의보감〉

〈동의보감〉 서문에 의하면,
'이 책은 25권으로 구성되었는데, 각 약재에는 지방명 칭과 산지, 그리고 채집하는 시기와 약을 짓는 방법을 써 놓았으므로, 쉽게 얻어 쓰게 될 것이다.' 라고 밝혔 습니다.

〈동의보감〉은 당시 조선 의학의 집대성으로서, 비단 조선의 국보였을 뿐만이 아니라 널리 중국, 일본에까지 전해져 여러 차례 간행되었습니다.

논술 보충 학습 자료

1 허준은 왜 귀양을 가게 되었을까?

선조임금을 모시고 있는 어의로서, 임금이 승하하자 어의로서 임금을 살리지 못한 책임을 면할 수 없었다. 또한 당시 양반 출신이 아닌 허준이 임금의 총애를 받는 것에 시기를 한 관리들의 모함도 허준이 귀양을 가는데 보탬이 되었다.

2 허준이 동의보감을 만들게 된 까닭은?

병을 알고 그 고치는 약을 알면 많은 백성들이 살아나고 건강하게 살 수 있는데, 당시는 너무 어려운 옛날 의학서들 뿐이고 제대로 정리가 되지 않았다. 허준은 많은 백성들의 건강을 위하여 의서저술을 결심했고, 우리 나라에 맞는 약재와 각 지방에서 날 수 있는 약재들을 손쉽게 쓸 수 있도록 하기 위함이었다.

③ 허준의 〈동의보감〉은 어떤 책인가?

1610년에 완성된 동의 보감은 15년 간 준비하여 총 25권으로 구성되었다. 그 안에는 각 약재의 지방명칭과 산지, 그리고 채집하는 시기와 약을 짓는 방법을 써 놓았다. 〈동의보감〉은 당시 조선 의학의 집대성으로서, 조선의 국보였을 뿐만이 아니라 널리 중국, 일본에까지 전해져 여러 차례 간행되었다.

④ 허준을 읽고 느낀 점은?

세상에서 가장 중요한 것은 인간이고, 그 인간의 생명은 소중한 것이라는 것이다. 허준은 높은 벼슬에까지 올랐지만 권력과 부귀에 대한 욕심을 버리고, 오직 백성이 잘 살 수 있도록 의술을 펼쳤으며, 〈동의보감〉이라는 의서를 발간하여 백성들이 자손 대대로 건강한 삶을 누릴 수 있게 하였다.

가장 감명깊게 읽었던 위인은 누구였나요?
그 위인이야기를 생각하며 한 장면을 그려 보세요.

가장 감명깊게 읽었던 위인은 누구였나요?

위인이야기를 생각하며 독서감상문을 써 보세요.